भोजपुरी
काव्य धारा

भोजपुरी
काव्य धारा

अरज निहोरा

प्रकाश उदय

राजकमल भोजपुरी

ISBN : 978-93-89577-38-9

मूल्य : ₹ 395

पहला संस्करण : 2020

प्रकाशक : राजकमल प्रकाशन प्रा. लि.
1-बी, नेताजी सुभाष मार्ग, दरियागंज
नई दिल्ली-110 002

शाखाएँ : अशोक राजपथ, साइंस कॉलेज के सामने, पटना-800 006
पहली मंजिल, दरबारी बिल्डिंग, महात्मा गांधी मार्ग, इलाहाबाद-211 001
36 ए, शेक्सपियर सरणी, कोलकाता-700 017

वेबसाइट : www.rajkamalprakashan.com
ई-मेल : info@rajkamalprakashan.com

मुद्रक : यश प्रिंटोग्राफिक्स
नोएडा-201 301 (उत्तर प्रदेश)

ARAJ-NIHORA
Poetry by Prakash Uday

बाबूजी...

आ बुचिया रे! तोरा खातिर

अरज-निहोरा

हमरा आरा के एगो हमार राजबिहारी भइया, अइसन हुरपेटलें कि 'बेटी मरे त मरे कुँआर' नाम से एगो रचना-संग्रह लगभग लइकाइँए में छप के आ गइल। ई 1988 के आस-पास के बात। तवना के बाद, आज, ई जवन 'अरज-निहोरा' तवन भाई मृत्युंजय आ भाई सत्यानन्द निरुपम के प्रताप। रउआ सराहब तवनो, दूसब तवनो, दूनो, एही दूनो भाई लोग के खाता में जाई। ओंइसे, ई जवन तीसबरिसा फाँफर बा, तवने के लाज पचावे खातिर, एह 'अरज-निहोरा' के पछिला-अगिला दूनो संग्रह से जोड़ दिहल गइल बा। पछिला संग्रह 'बेटी मरे त मरे कुँआर' आ अगिला 'जुगलबंदी' से कुछेक रचना एह संग्रह में एही लाज-पचावन मकसद से बा। एह, भा अउरियो कवनो बात के सफाई में एकरा से अधिका अगर कुछ कहे के बा त जानें भाई निरुपम, जानें भाई मृत्युंजय।

भोजपुरियो में अइला खातिर राजकमल प्रकाशन के बधाई, हम त देते बानीं, भरोसा बा कि सब-सब भोजपुरिया भाई लोग दी। आ ऊहे लोग काहे, ऊहो लोग दी जे लोग के 'निजभाषा' के उन्नति के सब 'उन्नति को मूल' माने में अपना राष्ट्रवाद खातिर कवनो खतरा ना जनाय।

—प्रकाश उदय

हकीकत को लाये रवायत से बाहर

भोजपुरी में, सामान्यतया अवधी और ब्रज की तरह लिखित साहित्य की परम्परा अपेक्षाकृत कम रही है। हाँ, लोक और वाचिक परम्परा में भोजपुरी की जड़ अपनी सहधर्मा भाषाओं की तरह ही गहरे गड़ी हुई है। ध्यान रहे कि मैं तेग अली तेग और भिखारी ठाकुर जैसे कई मजबूत अपवादों की बात नहीं कर रहा हूँ। द्वंद्वात्मक रूप से इस परिघटना के कारण भोजपुरी को फायदा भी हुआ और नुकसान भी। नुकसान यह कि काव्यभाषा स्थिर नहीं हुई। स्थिर काव्यभाषा में आगामी कवियों के लिए एक तैयार राह खुल जाती है। फायदा भी यह कि काव्यभाषा स्थिर नहीं हुई। काव्यभाषा के स्थिर न होने के कारण आगामी कवि के लिए प्रयोग के अनंत द्वार खुल जाते हैं। संक्षेप में इस कारण समकालीन भोजपुरी कविता में आज के दिन यह बहुरंगी-बहुवर्णी है। अन्य समकालीन भाषाओं के मुकाबले भोजपुरी कविता-संसार में अपेक्षाकृत अधिक वैविध्य है। यह वैविध्य हमेशा बेहतर कविता ही सृजित करेगा या कर रहा है, ऐसा नहीं है, पर विविधता निश्चित ही भोजपुरी कविता में एक महत्वपूर्ण तत्व है। दूसरे इसी कारण भोजपुरी के ऊपर अन्य समधर्मा भाषाओं के मुकाबले दीर्घ व्यवस्थित परम्परा का दबाव बहुत कम है। इसलिए भी भोजपुरी कविता के भीतर बहुत-से रंग सक्रिय हैं। प्रकाश उदय का यह संग्रह 'अरज-निहोरा' इसी बहुल परम्परा के कुछ उत्कृष्ट तत्वों का प्रतिनिधि है। भोजपुरी लोक में ख्यात एक कथा-काव्य की एक पंक्ति सम्भवतः इस कवि के परम्परा से रिश्तों की ओर बेहतर इशारा कर सके, 'जाकी सोर (जड़) पताले पहुँचे, ऊपर पारे अंडा'।

यह प्रकाश उदय की चुनिंदा कविताओं का संग्रह है। इस संग्रह में कवि ने स्वयं अपनी भोजपुरी कविताओं का हिंदी (खड़ी बोली) में भावानुवाद किया है जो कविताओं के नीचे दिये गये हैं। भोजपुरी शब्दावली व रूपकों से अपरिचित पाठक के लिए यह पाठ में सुभीता तो पैदा करेगा ही, दोनो जुबान जानने वाले पाठकों के लिए यह और भी समृद्ध करने वाला पाठानुभव होगा, ऐसी मेरी समझ है। बहुत पहले उनका एक संग्रह 'बेटी मरे त मरे कुँआर' नाम से आया था। दहेज के सवाल को अधिकतम सम्भव तरीकों से समझने की कोशिश करने वाले इस संग्रह की मर्मबेधी कविताओं के बिना प्रकाश उदय का कोई संकलन पूरा नहीं हो सकता था।

सो कुछ कविताएँ उस संग्रह से ली गयी हैं। इधर बीच कवि ने भोजपुरी से हिंदी और हिंदी से भोजपुरी में अनुवाद के कुछ साहसी प्रयास किए हैं जो दोनो काव्यलोकों में कुछ जोड़ेंगे, ऐसा मेरा विश्वास है। कुछ कविताएँ इस ढंग की भी इस संग्रह में शामिल की गयी हैं।

इन कविताओं के केंद्र में प्रायः गाँव और कभी-कभार कस्बा है। गाँव को लेकर दो तरह की काव्य-समझ का चलन अभी है। ढेरों कविताओं और साहित्य में गाँव की याद एक महत्वपूर्ण बिंदु की तरह आती है। यह याद अक्सर उत्पीड़न की नहीं होती। अगर होती भी है तो उस उत्पीड़न का आज की जिंदगी से कोई सम्बंध नहीं होता। ऐसे में गाँव एक स्वर्णिम अतीत की जगह बन जाता है। कई बार ऐसा नहीं होता। गाँव कविताओं में स्वर्णिम नहीं होते पर उनको याद करने की यह चाह बार-बार उभरती है। क्यों? क्योंकि कुछ ऐसा है जो पीछे छूट गया है, अच्छा है, और जिसे हम चाहते हैं। वह क्या है, गाँव में है पर शहर में नहीं है? पूँजी के हमले ने पुरानी किस्म की सामाजिकता को नष्ट कर दिया है, जिसकी याद भर ही अब बाकी है। नई किस्म की सामाजिकता के न बनने के कारण अभी भी हम पुरानी किस्म की सामाजिकता को याद करते हैं, भले ही दमन के भी पहलू हों। नए समाज में व्यक्तिवत्ता का पूरी तरह न बन पाना भी इस गुत्थी को और उलझा देता है। यही वह जमीन है जहाँ से बार-बार कवि गाँव को देखते हैं। एक दूसरा बिंदु गाँव को अलग तरीके से याद करने का है। गरीब, महिलाएँ और दलित जैसे समुदाय इसे उत्पीड़न के गढ़ों के रूप में याद करते हैं। यह याद भी इसलिए है क्योंकि उस तरह की परिस्थितियों का दुहराव न हो और जीवन थोड़ा और बेहतर बन सके। ये तबके गाँव को परिपूर्ण और सुंदर समझने वाली दृष्टि से अलग समानांतर दृष्टि से देखने का प्रस्ताव रखते हैं। प्रकाश उदय का यह संग्रह इसलिए महत्वपूर्ण है कि यह गाँव की हकीकत को खोलते हुए इन सभी दृष्टियों को भी पाठक के सामने रख देता है। यथार्थ का यथासंभव सटीक चित्रण ही इन कविताओं की जान है।

विस्थापन के विराट और अनवरत परिघटना के साक्षी गाँव के हकीकी चित्र इस संग्रह की खासियत हैं। संग्रह की एक कविता 'तेहूँ चलि जइबे' इस बोध की प्रतिनिधि कविता है। सिर्फ विस्थापन को बुरा-भला कह अपने कर्तव्य की इतिश्री करने वाली भाव-विगलित कविताओं से अलग यह कविता अपनी बारीकनिगाही से विस्थापन की परिस्थितियों व उसके असरात को चिन्हित करती है। ये किसानों की अगली पीढ़ी है जो जनरल डब्बों में ठुँस कर कमाने निकली है। वे इस नई दुनिया के नियमों-कायदों में थोड़ा सहमते हुए दाखिल होते हैं। गाँव में अब कुछ नहीं रखा है, यह बात सबको खूब समझ आ गयी है। इस नयी दुनिया में उनके बीच एक अलग किस्म का बंधन बन रहा है जो गाँव से अलग है। कोई एक आता है गाँव, तो सबका चावल-चूड़ा ले जाता है, गाँव में जिनके बीच फौजदारी होती थी, वे अब

साथ-साथ खा-बना रहे हैं, बड़ी जाति के गरीब भी होटल में काम करने लगे हैं। मनीऑर्डर के इंतजार में टिकी गाँव की अर्थव्यवस्था की मुश्किलें बयान करने वाली यह कविता बहुत स्पष्टता से चीन्हती है कि अब गाँव से विस्थापन एक हकीकत है और खेती-किसानी एक रूमान। कवि यह भी रेखांकित करता है कि अब तो गाँव को वे ही सराहते हैं जिनकी टाँगें शहर में पसरी हुई हैं। ऐसी कविताओं में गाँव के पक्ष में खड़े होने के बावजूद कवि गाँव से जाने वालों को न तो भला-बुरा कहता हुआ दीखता है और न ही गाँव को कोई स्वर्गोपम जगह की तरह ही देखता है। इसके बजाय कवि उन स्थितियों को चिन्हित करने की कोशिश करता है जिनसे यह सब हुआ या उन प्रभावों को चिन्हित करता है जो इन परिस्थितियों के कारण पैदा हो रहे हैं। कस्बे तक पहुँची इन किसानों की अगली पीढ़ी जो पैकेजदार कमाई के समुद्र में डूबी जा रही है, उसके भी चित्र इन संग्रह की 'घुस जो पूत समुन्दर में' जैसी कविताओं में मौजूद हैं। एक निम्न मध्यवर्गीय पिता अपने बेटे को पैकेजदार कमाई के लिए इस नई दुनिया के समुन्दर में कूदने के लिए तैयार कर रहा है। कूदने के बाद बेटा, जैसा कि आम है, डूब जाता है। कवि इस हकीकत का भी चित्रण बाप को कोसते हुए या बेटे की अक्षमता बताते हुए नहीं करता। कवि तटस्थ भाव से यथार्थ स्थितियाँ हमारे सामने उघाड़ देता है, जहाँ खलनायक कोई मनुष्य नहीं, बल्कि स्थितियाँ हैं।

इन कविताओं की जमीन सेक्युलर है। शब्दशः सेक्युलर अर्थात इहलौकिक। ये कविताएँ कभी भी उस दुनिया की बात नहीं करतीं। ये इसी रोजमर्रा की जिंदगी से उपजी, उसे सँवारती और विकसित करती हैं, इसी के भीतर प्रतिरोध रचती हैं। यहाँ इन कविताओं में देवता, मनुष्य बन कर आते हैं। वे हमारे बीच के हैं, कहीं बाहर से, दूसरे लोक से आए हुए नहीं। राजा का राजत्व और देवता का देवत्व यहाँ चकनाचूर हो जाता है। यों ये कविताएँ भोजपुरी लोक परम्परा से गहरे जुड़ी हुई हैं जिनमें ईश्वर दंडाधिकारी और मर्यादा पुरुषोत्तम की भूमि से उतार लिया जाता है। यहाँ भगवान नित्य प्रति जीवन में शामिल एक शै है जिससे लड़ा-झगड़ा जा सकता है, शिकायतें की जा सकती हैं। वह कोई ऊँचे आसन पर बैठा मालिक नहीं है, उससे भी गलतियाँ होती हैं, उसकी भी मुश्किलें हैं, उसे भी रोज ब रोज की जिंदगी और नून-तेल-लकड़ी का भाव समझना होता है। यही वह बिंदु है जहाँ पाठक रचना से तादात्म्य स्थापित कर पाता है। संग्रह की एक कविता 'देव-दुःख' शिव की इन्हीं मुश्किलों का बखान है। यह ठेठ बनारसी शिव हैं, लगभग मंझोले किसान। बाल-बच्चों से भरा घर है। भक्तों व दुनिया की मूढ़ता से परेशान शिव पत्नी से दुःख कहते हैं, बताते हैं कि कलश टाँगकर, बूँद-बूँद पानी लगातार गिराकर ये लोग मुझे तबाह किए देते हैं। फिर पति-पत्नी के झगड़े हैं। फिर मुहल्ले के बगल के घर से अल्लाह पूछते हैं कि क्या मुश्किल हुई। आखिर दोनो अपने-अपने दुनियावी दुःख

कहते हैं जिसके बारे में कवि का कहना है कि 'दुःख तो कहने-सुनने से ही घटता है।' भगवान के भेष के पीछे से गूँजती यह नाटकीय आवाज पाठक को दुनिया देखने की एक दूसरी लौकिक जगह देती है। बनारस में काशी विश्वनाथ मंदिर और ज्ञानवापी मस्जिद के एक ही जगह पर होने की भौतिकता इस सेक्युलर अनुभव को गाढ़ा व प्रामाणिक बना देती है। समझिए तो यह एक रूपक है, जिसके जरिए इस संग्रह में पाठक अपने दुखों का साक्षात एक नयी जगह और नजर से कर पाएँगे। राजनीति को धर्म से जोड़ देने के खूँखार वर्चस्वशाली विचार के प्रतिरोध की यह भी एक जमीन है, जिसे इस तरह की कविताएँ गढ़ती हैं। इन्हें सहृदयता से पढ़ा जाना चाहिए।

भोजपुरी के मौजूदा सांस्कृतिक परदे पर महिलाओं की छवि बेहद खस्ताहाल है। लफंगी पूँजी के लफंगे सिपहसालार लफंगई के नए शीर्ष रच रहे हैं। स्त्री यौनिकता को काबू में रखने के हथियार रोज-ब-रोज तराशे जा रहे हैं। पिताओं की सत्ता मौजूद है ही, उसने नई लफंगी पूँजी से गठजोड़ कर ली है। ऐसे में एक तरफ स्त्री यौनिकता के दृश्य उभारे जा रहे हैं, जिनका इस्तेमाल-मूल्य है और दूसरी ओर उसका दमन भी संगठित किया जा रहा है। अमूमन ये दोनो एक साथ ही चल रहे हैं। इस परिघटना की जड़ें कचरा लाद कर भविष्य की ओर घिसटने वाले सामूहिक चेतन में हैं। प्रकाश उदय इस परिघटना का प्रतिरोध परम्परा के एक और पक्ष को समकालीन बनाते हुए करते हैं। भोजपुरी सांस्कृतिक परम्परा में स्त्री के दुःखों के वर्णन की भी परम्परा बेहद मजबूत रही है जो आजकल के सांस्कृतिक पटल से लगभग गायब-सी हो चली है। प्रायः दया-विगलित स्वर में स्त्री दुखों का आख्यान रचने वाली इस परम्परा को ही प्रकाश उदय बेहतर बनाने के लिए चुनते हैं। वे सहानुभूति के जरिए इस परम्परा के कुछ तत्वों की आलोचना करते, कुछ को निचोड़ते और कुछ को आगे बढ़ाते दिखते हैं।

प्रकाश उदय की कविता की नायिकाएँ ज्यादातर परिवारी हैं। ये कविताएँ परिवार संस्था के अलग-अलग पहलुओं को उभारने की कोशिश करती हैं। परिवार का एक हिस्सा वह है जहाँ पति-पत्नी हैं, उनका प्रेम है, उनके सुख-दुःख हैं, हँसी-मजाक है, अनुभूतियों की साझेदारी और अपेक्षाकृत अधिक बराबरी है। परिवार का एक और पहलू है जहाँ घुटन है, तकलीफें हैं, सास-ससुर, ननद-जेठानी-देवरानी, माँ-बाप, चाचा-चाची जैसे लोग हैं। यहाँ स्त्री-दमन अपने क्रूरतम रूप में मौजूद है। प्रेम, अपेक्षाकृत पहले ढंग की कविताओं में अधिक है क्योंकि वहाँ एक-दूसरे को समझने, तकलीफ बाँटने और बराबरी का रंग है। परिवार की संरचना में होते हुए भी प्रेम इस सम्बंध को अपेक्षाकृत ज्यादा बराबरी का बना देता है। वहीं दूसरी ओर पिताओं की सत्ता के घेरे में दम घुटती महिलाओं के दिल तोड़ देने वाले चित्र भी इस संग्रह में भरे पड़े हैं। लेकिन प्रकाश उदय यहीं तक नहीं रुकते। परिवार संस्था

का बाहरी दुनिया से सम्बंध भी उनकी महीन नजर से नहीं चूकता। उनके शुरुआती दिनों के संग्रह 'बेटी मरे त मरे कुँवार' की कुछ कविताएँ इस संग्रह में हैं। वहाँ यह रंग बहुत गाढ़ा है। दहेज के सवाल के अधिकतम आयाम खोलने वाली ये कविताएँ सचमुच समाजशास्त्र के कई पोथों से ज्यादा असली हैं। संग्रह में एक कविता है : 'तनी जगइहऽ पिया'। रोपनी की कमरतोड़ मेहनत से लौटे प्रेमी पति और घर के चक्करों में फिरकी की तरह नाचती तबाह प्रेमिका पत्नी का यह सम्वाद गीत है। दोनो श्रमिक हैं, दोनो थके हैं और दोनो रात में जागने, बतियाने के लिए एक-दूसरे से इसरार कर रहे हैं। कविता एक दिलचस्प बराबरी रचती है, श्रम की बराबरी। बाहर की दुनिया में किए जाने वाले श्रम की चर्चा तो बहुधा देखने को मिलती है, घर के भीतर किए जाने वाले श्रम की चर्चा इस कविता का हासिल है और यह भी कि यह दोनो बराबर हैं। प्रकाश उदय की कविताओं में स्त्री कोई एक तरह की नहीं है। अलग-अलग सामाजिक स्थितियों की स्त्रियाँ, अलग-अलग जातियों और वर्गों में बँटी स्त्रियाँ इस संग्रह में दिखती हैं। एक स्त्री है जो कह रही है कि अपनी खेती नहीं है, दूसरे के यहाँ ऊँची जाति के होने के चलते काम नहीं कर सकती, बड़े घर की बेटी होने के चलते रोपनी-कटनी भी नहीं कर सकती। उसे यह सब कुँए जैसा लगता है जिसमें उसके तैरने की कोई जगह ही नहीं है। दूसरी स्त्री है जो अपने खेत पर कब्जा करने वाले पुरुष के साथ मारपीट के लिए तैयार है। एक और स्त्री है जो सास-ससुर को लेकर अकेली जीवन की गाड़ी हाँक रही है और कमाने गए पति को मुश्किलें बताती हुई भी आखिर में ढाँढ़स दे रही है। एक स्त्री वह भी है जो पति को ताना दे रही है कि 'एक तुम हो'। इस संग्रह में स्त्री-जीवन की विभिन्न छवियाँ आधी जमीन घेरती हैं जिसके कारण बहुतेरे ऐसे काव्य-अनुभव और बिम्ब बन सके हैं जो लगभग अछूते हैं।

यह कवि सामान्य जीवन के प्रसंगों से बेहतरीन कविता बुन देने की कला में निष्णात है। परवल, बैगन, पंचर, फूलगोभी वगैरह रोजमर्रा की चीजें यहाँ कविता में ढल जाती हैं। इन सामान्य वस्तुओं से कविता सम्भव करने की कला के दो पहलू हैं, जबर्दस्त निरीक्षण-शक्ति और कविता के भीतर इस यथार्थ को खोलती चुभती हुई मार्मिक टीप। 'बैगन-धन' कविता बैगनी रंग के बैगन से सम्बंध जोड़ने के बाद बिना बैगन वाले भर्ते से जाम होने वाली जीभ का निरीक्षण है और बैगन के भीतर छुपे हुए कीड़े का जिक्र भी, पर कविता इस निरीक्षण के सहारे एक पंक्ति में यों घटित होती है, 'छोड़ऽ आपन राम आपन अल्ला जी प अइँठल/भंटा-भीतर भंटा के भगवान होइहें बइठल'। इसी तरह 'परवल-परिकथा' कविता में परवल के सब्जी मंडी में आने से लेकर बाजार में पट जाने और फिर गायब होते जाने के बारीक निगाह से देखे गए दृश्य हैं। गौना-विवाह-तिलक में परवल ही परवल की सब्जी बनाए जाने का दृश्य है पर अचानक कविता में एक पंक्ति गूँजती हुई चली आती

है कि, 'अब लायक बड़कवन के नइखे परोरा/ससताइ गइल बा'। इस लिहाज से पंचर की दुकान का वर्णन करती कविता 'दुकान ह ई पंचर के पक्का' बेहतरीन है। पंचर की दुकान का रंग-ढंग, जगह, काम करने का तरीका, श्रम का बँटवारा वगैरह का बारीक निरीक्षण पेश करती हुई कविता एक विराट मार्मिक बिम्ब पाठकों से सरलतम भाषा में साझा करती है, 'देसवा बँटा देले नेतवा अभागा/एक्के में बान्हे ए धंधा के धागा/दिल्ली लाहौर चाहे ढक्का/दुकान ह ई पंचर के पक्का'। बँटवारे की विभीषिका जो दुनिया के इस हिस्से में घटित हुई और जो आज भी जारी है, वह आम अवाम के सपनों को कुचलकर हुई थी। आम अवाम अभी भी इन तीनो मुल्कों की एक ही जैसी है, श्रम ही वह चीज है जो इन मुल्कों की अवाम को आपस में जोड़ता है। पंचर की दुकान इन तीनो मुल्कों की साझा श्रमशील अवामी संस्कृति का प्रतीक है। इसी प्रतीक को राजनीति के हथौड़े से नेताओं ने बारहा तोड़ा और आज भी तोड़ रहे हैं। संकीर्ण राष्ट्रवादी खाँचों में फिट होने की बजाय कविता श्रमिकों की एकता को बेहद सहज स्वर में पाठक के सामने रख देती है। यह सहज अंतर्दृष्टि इन कविताओं का एक और दिलचस्प पहलू है जो विचार-बोझिल नहीं। यह वर्णन कविता के भीतर से स्वतः उपजता है।

इन कविताओं की धुनें लोक से निकली हैं पर प्रकाश उदय ने उन्हें अपना रंग दिया है। नाद का कमाल कविता में कैसे होता है, इस कला में वे सिद्धहस्त हैं। नाद सौंदर्य से कविता की आयु बढ़ती है, ऐसा रामचंद्र शुक्ल का मानना था। इसके अलावा भी शब्दों में प्रचलित अर्थों के अलावा नाद के अपने अर्थ भी निवास करते हैं। कई बार यह अर्थ प्रचलित अर्थ के साथ सहयोग करता हुआ उसे बढ़ा देता है, कई बार नाद प्रचलित अर्थ से दूर छिटक जाता है और कई बार वह प्रचलित अर्थ के बिना भी अपने अर्थ के साथ काव्य-संसार में विचरण करता है। हमारा कवि नाद के इस सौंदर्य व अर्थ को कविता में सावधानी से बरतता है। 'घरहूँ में घरी-छन छूमछाम से' कविता का एक अंश देखिए : 'अब हमनी के बारी/हूक हलुका भा भारी/हुलकेर दीं जा हुल्लेलेले हूमहाम के/रहऽ घरहूँ में घरी-छन छूमछाम से'। इस काव्य-उद्धरण में आया 'हुल्लेलेले हूमहाम' अपने नाद के बल पर कविता को अधिक अर्थवान कर देता है। प्रकाश उदय की कविता की एक और खासियत है, अवाम की काव्यात्मक अभिव्यक्तियों का इस्तेमाल। ये अभिव्यक्तियाँ मुहावरा हो सकती हैं, लोकोक्ति हो सकती हैं या फिर क्रियाओं के विपर्यय आदि से भी बन सकती हैं। संभवतः किसी भी भाषा में ये ही प्राथमिक काव्यवान अभिव्यक्तियाँ होती हैं। ये सामान्य भाषा से अलग अपना अर्थ बिंबों-प्रतीकों और कई बार रूपकों के जरिए भी खोलती हैं। ये कवियों के लिए सामान्य जनता में व्याप्त काव्यात्मक बोध के बीच पुल बनाने के बेहतरीन जरिए हो सकती हैं। उदाहरण के लिए 'जांगर ठेठाना', 'दुइ आखर पठाना', 'खास बयार बहना', 'कुएँ में तैरना', 'पतरा-पोथी

ठाटना', 'पाँव पुजाना', 'किसी के बल पर कँहरना', 'दिल दरिया होना', 'किसी का पंछी हो जाना', 'जल की मछरी', यह सब एक ही कविता 'जमशेदपुर टाटा' में आई अभिव्यक्तियाँ हैं। इन अभिव्यक्तियों में लोक द्वारा भरे गए अर्थ को जमीन बनाकर कवि, कविता की संप्रेषण-क्षमता का विस्तार कर देता है।

संक्षेप में अगर आप भोजपुरी की मौजूदा सांस्कृतिक मुख्यधारा के साथ आलोचनात्मक सम्बंध विकसित करते हुए भोजपुरी जातीयता की पुनर्खोज करना चाहते हैं, अगर आप जीवन-संघर्षों के रस में सनी-पगी भोजपुरी की दूसरी परम्परा से अपने को जोड़ते हैं, अगर आप दया और घृणा के ध्रुवों के बीच विकसित होते इस इलाके के जीवन से कोई साबका रखते हैं तब यह संग्रह आपके ही लिए है।

–मृत्युंजय

सिलसिला

तनिक-तनिक कुछ कहल-सुनल, कुछ कहा-सुनी

बाटे छोट-मोट चोट

अँजुरिन के ओट से करेजा कचोट के
रोअ जनि बाबू मोर भुँइया में लोट के
छोट बाटे चोट
बाटे छोट-मोट चोट

अँजुरिन के ओट से करेजा कचोट
रोअ जनि बाबू मोर भुँइया में लोट
बाटे छोट-मोट चोट

अँगने बा टेढ़ तनी ठेंक गइल ठेस
ना त चाल तोर लाल मोर, तनिको ना खोट
बाटे छोट-मोट चोट

छोटी-मोटी है चोट

अंजलियों की ओट से, कलेजा कचोट के, रोओ मत मेरे बच्चे, धरती पर लोट के, छोटी-मोटी है (यह) चोट।

आँगन ही टेढ़ा है, (कोई) ठेस तनिक छू गई होगी, नहीं तो चाल में तो तेरी, मेरे लाल, तनिक नहीं खोट (कोई)।

उठ जो रे नाती ले झार-झूर गाँती
तनिको लेटाइल ना बिहटी-लंगोट
बाटे छोट-मोट चोट

मार दुइ लात जवन कइलस ई घात
जहाँ गिरले हा तहँवा के ताक दे घघोट
बाटे छोट-मोट चोट

तान दे चमेटा उठाव रहरेंठा
रो दी रे छोड़ जनि दाँते बकोट
बाटे छोट-मोट चोट

लोर-धार पोंछ तनी ताव दे दे मोंछ
तोरा मुस्की प गाँव बा बधार लहालोट
बाटे छोट-मोट चोट

नाती रे, उठ जा, झाड़ ले अपनी गाँती, (और देख कि तुम्हारी) बिहटी-लंगोट को (तो कोई) गन्दगी छू नहीं पाई है जरा भी।

मारो दो लात (उसे), जिसने यह घात किया, जहाँ गिरे वहाँ को आँखें गुड़ेर कर ताक दे (एक बार)।

थप्पड़ तान दे, रहरेंठा उठा ले (उसे मारने के लिए), अरे रो देगा रे, छोड़ दे, दाँत से बकोट मत उसे।

आँसुओं की धार पोंछ ले, तनिक ताव दे दे मूँछों पर, तेरी मुस्कान पर (तो हमीं नहीं) गाँव लहालोट है, बधार लहालोट...

देख-देख भइया रे भुअरी बिलइया के
तनी-मनी दूध-भात हाली-हाली घोंट
बाटे छोट-मोट चोट

हाथी कवर घोड़ा कवर बाघ-कुकुर-बोका कवर
राजा कवरे राजा बिना मँगले वोट
बाटे छोट-मोट चोट

हाली-हाली खाईं चलीं खेत में कमाईं–
माँगी ललकी कनियवा हरियर नोट
बाटे छोट-मोट चोट

भइया रे देख, (उस) भूरी बिल्ली को, थोड़ा-सा ही (तो) है...दूध-भात...जल्दी-जल्दी खा ले (वरना वह भी वह बिल्ली खा जाएगी)।

(यह) हाथी कौर, (यह) घोड़ा कौर, (यह) बाघ, (यह) कुक्कुर, (यह) बोका कौर...(और इस) राजा कौर (को खाने) के साथ ही, राजा हो गए तुम, बिना वोट माँगे!

जल्दी-जल्दी खाइए (और) चलिए, खेत में कमाइए, ललकी कनियवा (जो आएगी आपकी,) हरे-हरे माँगेगी नोट!

चुप्पे-चोरी

उड़े खाती चिरईं के पाँख
बुड़े खाती मछरी के नाक लेब
उड़े-बुड़े कुछुओ के पहिले
चुप्पे-चोरी चारो ओरी ताक लेब

चुप्पे-चोरी बदरा के पार से
सउँसे चनरमा उतार के
माई तोर लट सझुराइब
चुप्पे-चोरी लिलरा में साट देब

भरी दुपहरी में छपाक से
पोखरा में सुतब सुतार से
माई जोही, जब ना भेंटाइब–
रोई, ना सहाई जो, त खाँस देब

चुप्पे-चोरी

उड़ने के लिए चिड़िया के पंख, बुड़ने के लिए मछली की नाक लूँगी, उड़ने-बुड़ने कुछ भी के पहले चुपके से, चोरी से, चारो ओर ताक लूँगी।

चुपके से, चोरी से, बादलों के (उस) पार से समूचे चन्द्रमा को उतार कर, माँ! तुम्हारे लट सुलझाऊँगी (और) चुपके से, चोरी से (तुम्हारे) ललाट पर सटा दूँगी।

भरी दुपहरी में छपाक से पोखरे में (कूद कर)...आराम से सोऊँगी, माँ ढूँढ़ेगी, नहीं मिलूँगी जब, रोएगी, सहा नहीं जाएगा (मुझसे, उसका रोना), तो खाँस दूँगी।

आजी खाती सुरुज के जोती
सखी खाती पाकल-पाकल जोन्ही
भइया खाती रामजी के बकरी–
चराइब, दूगो चुप्पे-चोरी हाँक लेब

बाबू चाचा मारे जइहें मछरी
हमरा के छोड़िहें जो घरहीं
जले-जले जाल में समाइब–
मछरी भगाइब, खेल नास देब

दीदी के देवरवा ह बहसी
कहला प मानी नाहीं, बिहँसी
भउजी के भाई हवे सिधवा–
बताइब, जो चिहाई, त चिहाय देब

दादी के लिए सूरज की ज्योति, सखी के लिए पके-पके सितारे (लाऊँगी और), भइया के लिए रामजी की (जो) बकरियाँ चराऊँगी, (उनमें से) चुपके से, चोरी से, दो ठो हाँक लूँगी।

मुझे अगर घर में ही छोड़ कर मछली मारने जाएँगे, बाबू और चाचा, (तो) जल ही से जल में होते हुए जाल में समाऊँगी, मछलियों को भगा दूँगी, (और सारा) खेल बिगाड़ दूँगी।

दीदी का देवर बहसी है, कहने पर (कि चिड़िया के पंख हैं मुझे, मछली की नाक है), मानेगा नहीं, हँसी उड़ाएगा, भउजी का भाई सीधा है, (उसे) बताऊँगी, चिहाएगा अगर, तो चिहाने दूँगी।

बाबा के दुलारी धिया

बाबा के दुलारी धिया नाचे अँगना
नाचे छान्ही प चुहानी के धुँआइल सपना

गमके गुम्हौरियो में बेलिए-गुलाब
मइया मने-मने माने महारानी अपना

धिया गावेले-गवावेले उलटबँसिया
मइया बूझेले-बुझावे मतलब कतना

तसला प तबला बजवला प डँटला प–
"अबकी भ माई, अबकी से अब ना"

बाबा की दुलारी धिया

बाबा की दुलारी धिया आँगन में नाच रही है, छप्पर पर नाच रहे हैं...चुहानी के धुँआए हुए सपने।

गुम्हौरियों में भी (गोया) बेला-गुलाब की ही गंध है, माँ मन-ही-मन महारानी मानती है अपने को।

उलटबाँसियाँ गाती-गवाती है बेटी, (और) माँ (उन उलटबाँसियों के) कितने (सारे) मतलब बूझती-बुझाती है।

तसले पर तबला बजाने पर डाँटने पर (कहती है कि)...अबकी भर माँ, अबकी के बाद से अब नहीं।

खने हँसेले त उतरे हजार किरिया
खने रोएले त हो जाला पहाड़ झरना

भोरे-भोरे जागे, कँउची-कँउची दो त माँगे
एगो मँगले ले थोरे! का दो चाहीं हतना

बाबू तहरो ना तोता, माई तहरो ना मैना
अपना चाचा के, जे जोरे लेके जइहें पटना

जले सूते सँपरा लीं घर भर के उदम
जब जागी त उठा ली मथवा प गगना

जब-जब जिदियाले, बड़ी भारी परि जाले
"फुआ जाले ससुरारी काहे जाईं हम ना"

कभी हँसती है तो हजार-हजार कसमें (जैसे) उतर जाती हैं, कभी रोने लगती है तो पहाड़ (जैसे) झरना हो जाता है।

सुबह-सुबह जगती है, क्या-क्या तो माँगती है (और) माँगने तक ही थोड़े न, क्या तो इतना (सारा) चाहिए!

बाबू, मैं तुम्हारा तोता भी नहीं; माँ, मैं तुम्हारी मैना भी नहीं; मैं अपने चाचा की, जो पटना जाएँगे, मुझे साथ लेकर।

जब तक सोई है, घर भर के काम सँपरा लीजे, जब जगेगी, सिर पर आसमान उठा लेगी।

जब जिद पर उतर आती है, बहुत भारी पड़ जाती है, (जैसे कि कहती है कि) बुआ ससुराल जाती है, मैं क्यों नहीं जाती!

माँगे माई दे दू पाई,खाईं बरफ मलाई
माँगे मुनरी न अँगुरी कलाई कंगना

कवना मुँहे समुझाईं फुसिलाईं निहसाईं
कइलीं ननदो के हालहीं बियाह-गवना

धिया पाई-पाई राखे द बचा के भिरिया
जाने कतना में मुदई मिलसु सजना

माँगती है कि माँ, दो पाई दे दो, बरफ मलाई खाऊँगी; अँगुली में (कोई) मुँदरी नहीं माँगती, कलाई में (कोई) कंगन नहीं माँगती...

(लेकिन) किस मुँह से समझाऊँ (उसे), कैसे हतुत्सह करूँ (कैसे बताऊँ) कि हाल ही में ननद का विवाह-गौना किया है...

(कि) बेटी, पाई-पाई बचाकर पास रहने दो, पता नहीं कितने में मिले (तुम्हें, तुम्हारा) मुदई साजन!

भउजी

भउजी माने झगरी
पानी माने मछरी
ना धइला खतिरा
बुड़ि-बुड़ि पोखरा नहइला खतिरा

मारे-मारे उपटी
भइयो जी के डपटी
छोड़इला खतिरा
बाचा बाटे कहि के बचइला खतिरा

सरदी में हरदी
पियाई जबरजसती
दवइया खतिरा
घासो गढ़े जाय ना दी गइया खतिरा

भौजी

भौजी माने 'झगड़ेगी', पानी माने 'मछली' न पकड़ने के चलते, (बजाय मछली पकड़ने के) पोखरे में डूब-डूब कर नहाने के चलते।

मारने-मारने को उपटेगी, भैया जी को भी डपट देगी, छुड़ाने के चलते, (अभी) बच्चा है कहकर बचाने के चलते।

सरदी में जबर्दस्ती हल्दी पिलाएगी, दवा के लिए। गाय के लिए, घास गढ़ने भी, जाने न देगी।

कमरा प कमरा
ओ प अँकवरवा
जड़इया खतिरा
अपने के गारी दी सतइला खतिरा

जसहीं टँठाइब
फेरुओ डँटाइब
काथी दो त कब दो त कइला खतिरा
(काथी दो त कब दो न कइला खतिरा)
अउरू ना त डेलिए डँटइला खतिरा
(अउरू ना त डेली ए डँटइला खतिरा)

कम्बल पर कम्बल, उसके ऊपर से अँकवार, जड़इया (भगाने) के लिए, खुद को ही गाली देगी (इतना) सताने के चलते।

जैसे ही ठीक होऊँगा, फिर डाँटा जाऊँगा, क्या तो कब तो करने के चलते, (या) कब तो क्या तो नहीं करने के चलते।

(कुछ) और नहीं, तो रोज-रोज इस डँटाने के चलते, रोज ही डँटाने के चलते!

एगो तू बाड़ऽ

एगो फलना के देखऽ
कि फलनी के फिकिरे परान देबेले
एगो तू बाड़ऽ

अहो, ऊहो त आवेले दिन-दिन भ खट के
बाकी बबुनिया के माई के रटते
अवते, केवड़िया के ओटे
फेंफरिया के ओठे, सुनींला–
सवाद फेरेले...एगो तू बाड़ऽ

एक तुम हो

एक फलाने को देखो, कि फलानी की फिकर में परान दिए रहते हैं (और) एक तुम हो!

अजी, वह भी तो दिन-दिन भर खट कर आते हैं। लेकिन (आते हैं), बबुनी की माँ को रटते हुए ही (और), आते ही, किवाड़ की ओट में, फेंफरिआए होठों से, सुना है, कि स्वाद बदल देते हैं, (और) एक तुम हो!

मनलीं कि कहला प का-का न कइलऽ
मानऽ कि अपने न कबहूँ धधइलऽ
हमरा त रोजे
खखन एक होखे, कि कै बेर हम के–
'हमार' हेरेले...एगो तू बाड़ऽ

हमरा त बैरी प अतना बिगड़लऽ
के तोर बैरी, न हम के चिन्हवलऽ
कि गरियाईं केकरे
कि रहरी में फेंकरे, मुँझँउसा जे रहिया–
तहार बेंड़ेले...एगो तू बाड़ऽ

मानती हूँ कि कहने पर (मेरे लिए) क्या-क्या नहीं किया तुमने, (लेकिन) मानो कि अपने से धधाए तुम कभी नहीं (धधाकर, उछह कर कुछ नहीं किया)। मुझे तो रोज ही उत्कट एक इच्छा होती है कि (देखूँ कि) कितनी बार मुझे 'मेरेवाले' (पिया) हेरते हैं, (और) एक तुम हो!

जो मेरे बैरी, उन पर तो तुम इतना बिगड़े, (लेकिन) कौन तुम्हारा बैरी, इसकी पहचान तुमने मुझे नहीं कराई, कि किसको मैं गालियाँ दूँ, कि अरहर के खेत में (सियार की तरह) फेंकरे, वह मुँह-जला जो तुम्हारी राह रोकता है, (और) एक तुम हो!

घरहूँ में घरी-छन छूमछाम से

दूनो हाथे दसो नोहा
इहे अरज-निहोरा
जनि लिलरा के टिकुली
सटावऽ हो सिन्होरा
धनि, आवते बहरवा से घूमघाम के
रहऽ घरहूँ में घरी-छन छूमछाम से

ई जे घर के घुटाँव
ई जे मन के मुटाँव
एगो तितिकी लगाँव
भरि जिनिगी बुताँव
अब ईहो सँपराईं जा त धूमधाम से
रहऽ घरहूँ में घरी-छन छूमछाम से

घर में भी घड़ी-क्षण छूमछाम से

दोनो हाथ दसो नोह जोड़, यही अर्ज, यही निवेदन कि बाहर से घूमघाम कर आते ही, (अपनी) टिकुली ललाट से उतार कर सिन्होरे में मत सटा दो, घर में भी (तो) घड़ी-क्षण छूमछाम से रहा करो!

यह जो घर-घुटन है, यह जो मन-मुटाव है, (यह जो) एक तितिकी का लगाना है और जिन्दगी भर का बुझाना है – अब इसे भी (अगर) सँपराएँ, तो धूमधाम से (ही)।

दुख सबके प बाटे
केहू काटे केहू ठाटे
सुख थोरे, छितराइल–
इहाँ-उहाँ घाटे-घाटे
चलऽ संगहीं बटोरे-बाँटे झूमझाम के
रहऽ घरहूँ में घरी-छन छूमछाम से

तुहूँ कहेलू कि तू
तुहीं कहीं हमहूँ
कहऽ भूल-चूक केहू–
कहीं माने कबहूँ
कवनो नेतवे ले लेते एहू तूमताम के
रहऽ घरहूँ में घरी-छन छूमछाम से

बल आपनो तहार
भाई-भवध-इयार
बल ऊख-रूख-पोखरा–
पहाड़, बल इनार
बल बाबा बजरंगी जी के लूमलाम के
रहऽ घरहूँ में घरी-छन छूमछाम से

दुख सब पर है, कोई काटता है (दुख को), कोई सामना करता है (दुख का) सुख थोड़े हैं, छितराए हुए हैं, यहाँ-वहाँ, इस घाट-उस घाट, चलो साथ-साथ (चलते हैं), झूमकर (इन्हें) बटोरने, बाँटने।

तुम भी कहती हो कि 'तुम्हारी', मैं भी कहता हूँ कि 'तुम्हारी ही'...भूल-चूक को, कहो भला, कहीं कोई (अपनी) मानता है! कोई नेता ही ले लेता (काश कि) इस (हमारे वाले) तुमताम को भी!

(इन सबके लिए हमारे पास) मेरा अपना (वाला) बल है, तुम्हारा बल है, भाइयों का बल है, भैवद्धी का बल है, मित्रों का बल है; ईख का, पेड़-पोखर-पहाड़ का बल है, बल है बाबा बजरंगी जी की लूमलाम का।

केहू मानी भा ना मानी
बाकी हमनी के बानीं
जइसे जेठ के झवानी में
बतासा अउरू पानी
बोलीं बीर-पीर चदरा के चूमचाम के
रहऽ घरहूँ में घरी-छन छूमछाम से

जेही बोले से निहाल
देखऽ बोले के कमाल
बोले नइया के खेवइया
हइया-हइया-हइया-हइया
माने तनिको ना हार
चाहे धार मँझधार
अब हमनी के बारी
हूक हलुका भा भारी
हुलकेर दीं जा हुल्लेलेले हूमहाम के
रहऽ घरहूँ में घरी-छन छूमछाम से

कोई माने, न माने, लेकिन बीर-पीर (बाबा) की चादर चूमकर बोलता हूँ कि हम (दोनो) ऐसे हैं जैसे जेठ की झवान कर देने वाली गर्मी में बतासा और पानी।

जो बोले सो निहाल। कमाल देखो बोलने का कि नाव का खेवैया 'हइया-हइया' बोलता है और तनिक नहीं हार मानता, चाहे धार में हो या मँझधार में। अब हमारी बारी है, हूक हल्की हो या भारी, खदेड़ दें उसे, हुल्लेले बोल के, मिलजुल कर हूम-हाम बोल कर...।

तनी जगइहऽ पिया

आहो-आऽहो...
रोपनी के रँउदल देहिया साँझहीं निनाला
तनी जगइहऽ पिया
जनि छोड़ि के सुतलके सुती जइहऽ पिया

आहो-आऽहो...
हर के हकासल देहिया साँझहीं निनाला
तनी जगइहऽ धनी
जनि छोड़ि के सुतलके सुती जइहऽ धनी

आहो-आऽहो...
चूल्हा से चउकिया तक ले
देवरू-ननदिया तक ले
दिनवा त दुनिया भर के
रतिए हउए आपन, जनि गँवइहऽ पिया
धइ के बँहिया प माथ, बतियइहऽ पिया

जगा लेना पिया तनिक

हे हो! रोपनी की रौंदी हुई देह, होते साँझ निंदाने लगती है, जगा लेना पिया तनिक, सो मत जाना, मुझे सोती हुई ही छोड़कर।

हे हो! हल की हारी-थकी देह, होते साँझ निंदाने लगती है, जगा लेना धनी तनिक, सो मत जाना, मुझे सोती हुई ही छोड़कर।

हे हो! चूल्हे से चौके तक, देवर-ननद तक, दिन तो दुनिया भर का, रात ही अपनी है, गँवा न देना (इसे), बाँह पर माथा रख, पिया! बतियाना।

आहो-आऽहो...
घर से बधरिया तक ले
भइया-भउजइया तक ले
दिनवा त दुनिया भर के
रतिए हउए आपन, जनि गँवइहऽ धनी
धइ के बँहिया प माथ, बतियइहऽ धनी

आहो-आऽहो...
दुखवा दुहुरवला बिना
सुखवा सुहुरवला बिना
रहिए ना जाला, कि ना!
कइसन दो त लागे, जनि संतइहऽ पिया
कहियो रुसियो-फुलियो जाईं त मनइहऽ पिया

आहो-आऽहो...
काल्हु के फिकिरिए निनिया
उड़ि जाय जो आँखिन किरिया
आके पलकन के भिरिया
सपनन में अझुरइहऽ, सझुरइहऽ धनी
जनि छोड़ि के जगलके सुती जइहऽ धनी

जनि छोड़ि के सुतलके सुती जइहऽ पिया...

हे हो! घर से बधार तक, भाई-भउजाई तक, दिन तो दुनिया भर का, रात ही अपनी है, गँवा न देना (इसे), बाँह पर माथा रख, धनी! बतियाना।

हे हो! दुख को दुहराए बिना, सुख को सहलाए बिना, रहा ही नहीं जाता, कैसा तो लगता है, कि नहीं? सताना मत पिया, संतई (जिसे व्यापता नहीं माया-मोह-जैसा कुछ) मत दिखाना, रूठ भी जाऊँ किसी दिन, तो पिया! मनाना।

हे हो! कल की चिन्ता में नींद अगर उड़ जाए, (तो) कसम आँखों की, पलकों के पास आकर, धनी! सपनों में उलझाना, सुलझाना, सो मत जाना, मुझे जगा हुआ ही छोड़कर।

सो मत जाना पिया, मुझे सोती हुई ही छोड़कर।

जमशेदपुर टाटा

लोहे के गाड़ी लोहे के पटरी
लोहे के जाय के बा नगरी हो, जमशेदपुर टाटा

घरहीं में रहलीं, जांगर ठेठवलीं
बहुते त नइहर दुइ आखर पेठवलीं
कइसन बयार बहे बहरी हो, जमशेदपुर टाटा

बड़ घर के बेटी, बेपइसा के सेठी
रोपे में डोभे में हाय-हाय हेठी
कुँइया में कै हाथ पँवरीं हो, जमशेदपुर टाटा

आपन बा खेती ना अनकर ना जोतीं
कहिया ले ठाटी ई पतरा ई पोथी
पँउआ पुजावल जबरी हो, जमशेदपुर टाटा

जमशेदपुर टाटा

लोहे की ही गाड़ी, लोहे की ही पटरी, जाना (भी) है लोहे की ही नगरी...जमशेदपुर टाटा।

घर में ही रही, खटती रही हाड़-तोड़, बहुत हुआ तो (हाल-समाचार के) दो आखर मायके (लिख) पठाए, (नहीं जानती कि) कैसी बयार बहती है बाहर!

(क्या तो कि) बड़े घर की (मैं) बेटी, बिना पैसे की (यह) सेठी, रोपनी-डोभनी (खेती-खलिहानी के काम) करूँ तो (क्या तो कि) हाय रे, हेठी है इसमें (बड़े घर की, बड़ी जाति की) ...कुएँ में (आखिर) कितने हाथ तैरूँ!

अपनी (कोई) खेती है नहीं, दूसरे का (खेत) जोत नहीं सकते, (जिन्दगी की लड़ाई में आखिर) कब तक टिक पाएँगे ये पोथी-पतरे, यह जबर्दस्ती का पाँव पुजवाना!

काहे दो हो जाला रोज-रोज झगरा
अनकर बेरामी बुझाला जे नखरा
केकरा बले तनि कहँरीं हो, जमशेदपुर टाटा

टिस्को में मामा के दिल बा दरिया
हाकिम दुआरा रखा देले छरिया
कल्हुए मिलल खुशखबरी हो, जमशेदपुर टाटा

मामी के चाहीं बुढ़ारी के सेवा
बेटा पतोह लोग भइले परेवा
हमरो के नेवतल बा अबरी हो, जमशेदपुर टाटा

आरे से पटना से दिन भर के रहिया
गाड़ी में रहिहऽ सम्हर के तू कनिया
देखते सवाँग धिया गठरी हो, जमशेदपुर टाटा

(पता नहीं) काहे तो (कैसे तो) रोज ही झगड़ा हो जाता है (किसी का किसी से)। दूसरे की बीमारी, लगता है (जैसे) कि 'नखरा' है। (और खुद) कराहूँ (भी) तनिक, तो किसके बल पर!

टिस्को में हैं मामा। दिल दरिया है उनका। हाकिम के दरवाजे का ('इन्हें') छड़ीदार रखवा दिया। कल ही मिली खुशखबरी।

मामी को बुढ़ापे की सेवा चाहिए। बहू-बेटे (उनके) सभी पखेरू हो गए। (सो) अबकी बार मुझे भी न्योता गया है।

आरा से पटना, पटना से दिन भर का रास्ता है। गाड़ी में सम्हल कर रहना बहू; पति को, बेटी को, गठरी को देखते हुए।

घर देखलीं घर के बहरी से
सासु जेठ गोतिन ननदी के
जल के जइसे मछरी हो, जमशेदपुर टाटा

लोहे के गाड़ी लोहे के पटरी
लोहे के जाए के बाटे नगरी
के जाने कतना अखरी हो, जमशेदपुर टाटा

लोहे के गाड़ी लोहे के पटरी
लोहे के जाय के बा नगरी हो, जमशेदपुर टाटा

घर को घर के बाहर से देखा। घर के बाहर से देखा सास को, जेठ को, गोतिन को, ननद को...जैसे मछली देखती है जल को, जल के बाहर से।

लोहे की ही गाड़ी, लोहे की ही पटरी, जाना है लोहे की ही नगरी। जमशेदपुर टाटा...न जाने कितना अखरेगा यह जाना!

लिखि के कहे के ना अदतिया

पहिले-पहिल लिखीं पतिया ए भइया
लिखि के कहे के ना अदतिया ए भइया

बाते-बाते बक-झक कहल-सुनल सब
राखि लेलऽ अपने अटरिया ए भइया

झारि-झूरि राखि लेलऽ झुलुहा-झुमरवा
नाथि देलऽ झुमुका-झुलनिया ए भइया

जनमे से रहली जे बुचिया-बबुनिया
आवते ससुरवा बहुरिया ए भइया

आदत नहीं लिख कर कहने की

पहले-पहल लिख रही हूँ पाती (तुम्हें), (तुम से) लिख कर (कुछ) कहने की आदत नहीं भइया।

हर बात में बक-झक (हमारी-तुम्हारी), (आपस का हमारा) कहना-सुनना, सब तुमने अपनी ही (!) अटारी में रख लिया!

झूला-झूमर (तो) झाड़-झूड़ कर (अपने ही पास) रख लिया (तुमने), (और मुझे) झुमका-झुलनी (जैसी चीजों) से नाथ दिया।

जनम से ही (तुम्हारी) जो (बहन) बुचिया थी, बबुनिया थी, ससुराल आते ही (वह) बहुरिया हो गई!

अब ले त उघटल न केहू लेन-देनिया
अगवा के जानेला के हलिया ए भइया

उनुके से कहलीं ह लिखे के बा चिठिया
अपने ले अइले अन्तरदेसिया ए भइया

गोरकी ननदिया से लिहली कलमिया
साँवरि तोहरी बहिनिया ए भइया

कहली ह 'बाटे कवलेजे में डखनवा' (त)
कहलीं ह 'भइयो कवलेजिहा' ए भइया

उनुका के लिखिहऽ त टाँकि दीहऽ चिठिया में
चारियो अछर अंगरेजिया ए भइया

अब तक तो (यहाँ) किसी ने लेन-देन को लेकर कुछ बुरा-भला कहा नहीं, आगे का हाल कौन जाने!

उन्हीं (तुम्हारे बहनोई) से कहा कि चिठ्ठी लिखनी है, वे ही अन्तर्देशीय ले आए।

कलम (अपनी) गोरी ननद से ली, साँवली तुम्हारी बहन ने।

कहा (ननद ने) कि कॉलेज में ही डाकखाना है, तो मैंने कहा कि मेरे भइया भी कॉलेज वाले हैं।

उनको (ननद को) लिखना तो चिठ्ठी में चार आखर अंग्रेजी के भी (जरूर) टाँक देना।

हमके हटाइ देले बाबूजी, ना सोचले
माई के उमिरिया बिमरिया ए भइया

मिलितऽ त मुँहामुँही कहि समुझइतीं
अब त उतारि ल भउजिया ए भइया

लिखि के कहे के ना अदतिया ए भइया
पहिले-पहिल लिखीं पतिया ए भइया

मुझे हटा दिया बाबूजी ने, माँ की उमर, माँ की बीमारी को (कुछ) सोचा नहीं।

मिलते (तुम) तो आमने-सामने कह कर समझाती (कि) भइया, अब तो (घर में) भाभी उतार लो।

लिख कर (तुम से) कहने की आदत नहीं भइया, पहले-पहल (तुम्हें) पाती लिख रही हूँ।

धरहरिया

हउ देखऽ, धइलस आ माचिस में कइ लेलस बन्द अगिनदेव के।। देखऽ कि छँउकल आ धइ लेलस चान।। धइले बा अँगुरी के टिपला में बिजुरी के सब-सब टिपवान।। कि जवना के धुन धइलस धइ लेलस धउरा के।। जूता धरवा लेलस चउकठ के बहरा आ मन्दिर में धइलस भगवान।।

आ हइ देखऽ, धइ लेले धवकल, नापत में आपन जब टोपरा बिगहिया, धरिछना के तीन धूर धरती, धइलस धरिछना जरीब।। धइलस धरिछना जरीब, त हूरा के पँजरी में, पटकन के पीठ प, मुकवसला-लतवसला के जहाँ-तहाँ धइलस गरीब...।।

आ देखऽ कि केहू ना धइल धवकल के बाँह, केहू ना कइल
धरहरिया!!

केहू ना धइल धवकल के बाँह त दाँते से धइलस धरिछना।।

धरहरिया

वह देखो, (कि आदमी की जाति ने) धर लिया औ' माचिस में कर दिया बन्द अग्निदेव को। देखो कि उछला और धर लिया चाँद। अँगुली की टीप पर धर रक्खी बिजली की सब शानो-शौकत। जिसकी धुन धरी, धर लिया दौड़ाकर। जूता धरवा लिया चौकठ के बाहर और मन्दिर में भगवन को धर दिया।

और यह देखो, बीघा भर के अपने टोपरे की नापी में, धवकल ने धर ली जब तीन धूर धरती धरिछना की, धर ली धरिछना ने जरीब। जब धर ली धरिछना ने जरीब तो धरिछना गरीब को धरने को और मिला (कुछ और, कुछ) और-और ठौर...हूरे को पँजरी में, पटकन को पीठ पर, जहाँ-तहाँ मुक्के को, लात को...।

और देखो कि किसी ने नहीं धरी धवकल की बाँह, किसी ने न किया धरहरिया! किसी ने न धरी धवकल की बाँह तो धरी बाँह दाँतों धरिछना ने।

त पाछे से धइलस फरिछना।। त आगे से धइलस धवकल के लटकन,
धरिछना के भउजी, लटक गइलस बिहुनी।।

हइ देखऽ...हइ देखऽ...दाँते धराइल बा तीन धूर धरती।। तीन
धूर धरती पिछवड़िए धराइल बा।। तीन धूर धरती धइ लटकल बिया हइ
धरिछना के भउजी।।...का चाहीं अउरी!!

अब सब धरहरिया में धउरी।। धउरी त धउरी, ना धउरी नउजी।। धउरो,
धरो जाके चान।। तीन धूर धरती हमार।।

धूर-धूर धरती हमार।।

तो पीछे से (धवकल को) धर लिया (धरिछना के भाई) फरिछना ने। तो आगे से, धवकल का लटकन धर लटक गई बिहुनी, धरिछना की भउजी।

यह देखो...यह देखो...दाँतों धराई है तीन धूर धरती। तीन धूर धरती पिछवड़िए पकड़ाई है। लटकी है तीन धूर धरती पकड़ कर, धरिछना की भउजी।...(कहिए, कि) और क्या चहिए!

अब सब धरहरिया में दौड़ेंगे। दौड़ेंगे दौड़ें, नहीं भी दौड़ें तो क्या! दौड़ें, धरें जाकर चाँद। (यह) तीन धूर धरती (तो लेकिन) हमारी।

धूर-धूर धरती हमारी।

हमहीं ना एकल

सपनो में रहेले सपनवे–
सपनवो सँपरे ना देखल

उपरहिं-उपरहिं उड़ेला सपनवा
चूमे चउकठिया बहारेला बधरवा
सँइया होइहें गहिरे खदनवा–
सपनवा भितरे ना हेलल

दिनवा त कटि जाला घर-घरुअरिया
चूल्हा से चउकिया से नगदी-उधरिया
रतिए करेला उतपतिया–
सेजरिया लागे अनबेगल

एक मैं ही नहीं अकेली

सपने में भी सपना ही रहते हैं, सँपरता नहीं सपने देखना भी।

ऊपर-ही-ऊपर उड़ता है सपना; चौकठ चूमता है, बधार बुहारता है; पिया (मेरे) गहरे खदान में होंगे, (उसके) भीतर नहीं जा पाता (कभी, मेरा) सपना।

दिन तो कट जाते हैं घर-घरबार में, चूल्हे-चौके में, नगद-उधार में; रात ही करती है उत्पात, (अपनी) सेज (भी) पराई-सी (लगने) लगती है।

खने काटे मस खने काटि जाले छिंउकी
कथरी भिंजाइ देली ननदो के छँउड़ी
घुसुकीं कि सुसुकीं बलमुआ–
दवर दुनहूँ के ना भेंटल

इहँवा त चुल्हिया चरेले खर-भुसिया
उहँवा करेजवो में उड़े कोइलरिया
कहँवा बा नाय! कहाँ नदिया!–
चिरइया जाने लइका के खेलल

कुहुँके ससुर-सास सुसुके ननदिया
कतना ले बतिया सम्हारी पिया, पतिया!
बाकी जनि करिहऽ फिकिरिया–
बिपतिया में हमहीं ना एकल

कभी मच्छर काटते हैं, कभी छिंउकी; (कभी) कथरी भिगो देती है ननद की बिटिया; (अब मैं) खिसकूँ कि सिसकूँ...दोनो में से किसी का दौर (अवसर) नहीं मिलता।

यहाँ तो खर-भूसा ही चरता है चूल्हा, वहाँ कलेजे में भी कोयला उड़ता है...कहाँ नाव है, कहाँ नदी! चिड़िया की जान जाए, लड़कों का खेल। चिड़िया ही जानती है लड़कों का खेलना (लड़कों के खेल का मतलब)!

कुहुँकते रहते हैं ससुर और सास, सिसकती रहती है ननद...(यह) पाती (भी आखिर) कितनी बातें (कितनी बातों का बोझ) सम्हाल पाएगी! लेकिन फिक्र मत करना, विपद में (अकेली) एक मैं ही (तो) नहीं हूँ!

लागि जाला कवनो-कवनो बात

लागि जाला कवनो-कवनो बात
केहू-केहू के
सूति जाला दिन
पल-छिन हो पहाड़ केहू-केहू के
जागि जाला कवनो-कवनो रात
केहू-केहू के

"खाब जो त गेहूँ
ना त रहि जाब एहूँ"...सेहू-सेहू के
पसरेला कबो-कबो हाथ, केहू-केहू के–
आगे। जनि हँसि द हठात
एहू-एहू से
लागि जाला कवनो-कवनो बात
केहू-केहू के

लग जाती है कोई-कोई बात

लग जाती है कोई-कोई बात। किसी-किसी की। किसी-किसी को। (बात जब लगती है) दिन सो जाता है, पल-छिन पहाड़ हो जाता है; जगी रह जाती है कोई-कोई रात, किसी-किसी की।

'खाऊँगा तो गेहूँ, नहीं तो रहूँगा एहूँ' (ऐसा जो कहते हैं)...कभी-कभी उनके भी हाथ पसरते हैं किसी-किसी के आगे। (उन पर) हँस मत पड़ो हठात। इससे भी लग जाती है कोई-कोई बात। किसी-किसी की। किसी-किसी को।

बतिया लगलका
कहलका ना माने राम केहू के
जोहि लेला जौने-तौने घात
जेहू-तेहू से
लागि जब जाला कवनो बात
जाके केहू के

लागेला त लागी
केहू कतना ले बाँची, बाकी केहू के
लागे जनि जिनिगी भ खाती–
लागे फेरू से
लागि जाला भूख जइसे लागेला पियास
फेरू-फेरू से
लागे जो त लागे कवनो बात
केहू-केहू के...

लग जो जाती है बात, हे राम, कहा नहीं मानती है किसी का। जिस-तिस से जो-सो घात ढूँढ़ लेती है, लग जब जाती है कोई बात, किसी-किसी की, किसी-किसी को।

लग (ही जब) जाती है बात तो लगेगी (ही), कोई कितना तक बचेगा, लेकिन किसी को (कोई बात, किसी की बात) जिन्दगी भर के लिए न लगे। लगे, फिर से लगे; जैसे भूख लग जाती है, प्यास लगती है, फिर से, फिर-फिर, (वैसे ही) लगे अगर तो लगे कोई बात, किसी-किसी की, किसी-किसी को।

अपना से पाइब जो फुरसत

(बेरामी से उठ के, प्रभु जी के प्रति)

अपना से पाइब जो फुरसत
त तहरो भी आइब हो घुसुकत

जब ले ए देहिया में दम बा
बहुत के अलम बा
आ बहुतन के असरा लगल बा
तब ले त दुखवा पुकारी
केहू के, कवनो आरी
चहुँपि चलि जाइब हो धउरत
तवना से पाइब जो फुरसत
त तहरो भी आइब हो घुसुकत

अपने से पाऊँगा फुर्सत गर

(बीमारी से उठ कर, प्रभु जी के प्रति)

अपने से फुर्सत अगर पाऊँगा, तो तुम्हारे पास भी आऊँगा, सरकते-खिसकते (धीरे-धीरे)।

जब तक इस देह में दम है, (यह) बहुतों का अवलम्ब है और बहुतों को (इससे) आशाएँ लगी हैं, तब तक तो किसी का दुख (अगर) पुकारेगा, किसी ओर से, पहुँच जाऊँगा (वहाँ), दौड़ता चला जाऊँगा (वहाँ)...उससे अगर फुर्सत पाऊँगा, तो तुम्हारे पास भी आऊँगा, सरकते-खिसकते।

आपन त छोटी गो दुनिया
ददिया, मतारी आ धनिया, धिया–
अउरू तनी-मनी अधिका
इनके खियावल जो खा लीं
जो इनके खिया लीं
आ सँपरा लीं कुछु ए अलावा
त भेजिहऽ तू आपन बुलावा
सनेह-सबद-सउनल
सुदिन-मान तउलब
त तहरो भी आइब हो घुसुकत

तब ले त तेजऽ डेरावल
ई जम परिकावल
ई बात-पित्त-कफे कहँरावल
चाहीं नियाव-सिरे तहरा
कि हक हमरो दे द हो अधिया
द हमके जिनिगिया
आ अपना भी राखऽ तू मउअत
आपन हबेखला से फुरसत
जो पाइब त आइब हो घुसुकत...

अपनी तो छोटी-सी दुनिया, (जिसमें) दादी और माँ और धनिया और धिया और कुछ (कुछेक) और; इनका खिलाया अगर खा लूँ, अगर इनको खिला लूँ और इसके अलावा कुछ-कुछ सँपरा लूँ, तब तुम स्नेह-शब्द-सना अपना बुलावा भेजना। सुदिन-मानदिन तजबीजूँगा, तो तुम्हारे पास भी आऊँगा, सरकते-खिसकते।

तब तक तो तजो यह डरपाना, यह यम परिकाना, यह वात-पित्त-कफ से कहँराना...न्याय से, तुम्हें चाहिए (तो यह) कि मुझे भी आधे का हक दे दो (और इसके तहत), जिन्दगी मुझे दे दो और मौत को अपने पास रख लो...

अपना (अपने हिस्से का) हबेखने (अपने उपयोग में, अपने उपभोग में लाने) से फुर्सत अगर पाऊँगा, तो तुम्हारे पास भी आऊँगा, सरकते-खिसकते।

देव-दुख
(खास काशी-विश्वनाथ के नाँवे)

आवत बाटे सावन, शुरू होई नहवावन
भोला जाड़े में असाढ़े से परल बाड़े
एगो लांगा लेखा देह, राखें राखे में लपेट
लोग धो-धा के उघारे प परल बाड़े

ओने बरखा के मारे, गंगा मारें धारे-धारे
जट पावें ना सम्हारे, होत जाले जा किनारे–
''शिव-शिव हो दोहाई
मुँह मारीं सेवकाई''–
ऊहो देबे प रिजाइने अड़ल बाड़े

देव-दुख
(खास काशी-विश्वनाथ के नाम)

सावन आने वाला है, शुरू होने वाला है नहवावन, (सोच-सोच) आसाढ़ से ही जाड़े में पड़े हैं भोले बाबा। (एक तो कि) एक नंगे के जैसी (उनकी) देह, (जिसे) राख ही में लपेटे (वे) रखते हैं, (और) लोग (हैं कि उसे भी) धो-धाकर उघार (कर) देने पर पड़े हैं।

इधर, मारे बरखा के गंगा लहर-पर-लहर मार रही हैं (जैसे), सम्हाल नहीं पा रही हैं जटाएँ, दुहाई देकर शिव की कि मुँह मारें (ऐसी) सेवकाई की, वे भी (जटाएँ) इस्तीफा दे देने पर ही अड़ी हुई हैं।

बाटे बड़ी-बड़ी फेर, बाकी सबका से ढेर
हई कलसा के छेद, देखऽ टपकल फेर –
"गउरा धउरऽ हो दोहाई"
आ त –"ढेर ना चोन्हाईं –
अभी छोटका के धोए के धयल बाटे"

"बाड़ू बड़ गिर्हिथिन, खाली लइके के फिकिर..."
"बाड़ऽ बापे बड़ नीक, खाली अपने जिकिर..."
"बाड़ू पथरे के बेटी..."
"बाटे जहरे नरेटी..."
बात बाते-घाते बढ़त बढ़ल बाटे

सुनि बगल के हल्ला, ज्ञानवापी में से अल्ला
पूछें,"भइल का ए भोला, महकइलऽ जा मुहल्ला
एगो माइक बाटे माथे
एगो तोहनी के साथे
भाँग बूटी गाँजा फेरू का घटल बाटे?"

फेरे तो ढेर सारे हैं, लेकिन सबसे बढ़कर (फेरे में डालने वाला) यह कलसे का छेद है। देखो, कि फिर टपका...! दुहाई है गौरा, दौड़ो...। (गौरा बोलीं कि) ज्यादा नखरे न करो, (खाली नहीं हूँ मैं) अभी छोटे वाले (गणेश जी) का...धोने को धरा हुआ है।

"बड़ी (भारी) गृहस्थिन हो, कि सिर्फ बच्चों की ही फिकर है...!"

"बड़े अच्छे बाप हो कि (हमेशा) सिर्फ अपना ही जिकर (लिये रहते हो)...!"

"(सचमुच) पत्थर की ही बेटी हो..."

"(सचमुच) जहर ही है नरेटी में..."

बातों के घात (-प्रतिघात) से बात बढ़ चली है।

बगल का हल्ला सुनकर ज्ञानवापी में से अल्ला पूछते हैं कि हुआ क्या भोला कि सारा मुहल्ला गँधा दिया तुम (दोनो) ने (अपने रोज-रोज के झगड़े से)। एक तो माथे पर माइक, दूसरे तुम लोगों (जैसों) का साथ! भाँग-बूटी-गाँजा फिर से घट गया है क्या?

दूनो जाना के भेंटाइल, माने दुख दोहराइल
ई नहाने नकुआइल, ऊ अजाने अँउजाइल
इनके लागेला सोमार
उनके जुम्मा के बोखार
दुख कहले-सुनल से घटल बाटे

आवत बाटे सावन, शुरू होई नहवावन
भोला जाड़े में असाढ़े से परल बाड़े

दोनो जने के मिलने का मतलब (एक-दूसरे से) दुख को दुहराना, दुख का दुहरा हो जाना। ये (रोज-रोज के) नहान से नकुआए, वे (रोज-रोज की) अजान से अँउजाए। इनको सोमार लगता है, उनको जुम्मे के नाम से बुखार। (एक-दूसरे से) कहते-सुनते रहने से ही उनके दुख घटे हैं (कटे हैं)।

तेहूँ चलि जइबे!

केहू बम्बई के भइया
केहू कलकतिया
धउरे दिल्ली हमार गँउआ बा दखल झरिया

गइले सात समुन्दर पार
धइले दुनिया भर के भार
भइले मनई से, मन से ना, गिरमिटिया

एगो जाला जो सूरतऽ
बोलवावेला तुरतऽ
अपना जोड़ापारी में के दसहन सथिया

लागल झुलनी के धक्का
लागल बूढ़ भइले बप्पा
लागल छतिया प केकरो बजर-बतिया

तू भी चला जाएगा

कोई बम्बई का भइया, कोई कलकतिया, दिल्ली तक दौड़ता है मेरा गाँव, उसके दखल में है झरिया।

सात समन्दर पार वे गए, दुनिया भर का भार किया धारण; मनई से, मन से नहीं, गिरमिटिया हो गए वे।

एक कोई सूरत जाता है और अदेर अपने दसियों हमउमर साथियों को (वहाँ) बुलवा लेता है।

(जो गए,) गए इसलिए कि झुलनी का धक्का लग गया, या यह लग गया कि बापू बूढ़े हो चले अब, या छाती पर वज्र की तरह (कोई) बात लग गई किसी की।

कवनो निकले गुरूप
कइ के गाँव भ के सून
पिठियवले जाला गँउओ लेले गवनइया

एसी-फेसी चेयर कार
ओमें फेंकरे सियार
दूगो जनरल डाबा बा ठसमठसिया

ओमें गँउआ खाती पीएम
चाहे सीएम डीएम जीएम
होला टिटिए सिपहिया के रंगदरिया

एगो आवेला जो छुट्टी
लेके चूरा चाउर चिट्ठी
जाला सभकर सातू मेथी कचवनिया

रहुए गाँवे फउदारी
बाते-बाते गारागारी
गइले माराफारी एके में लगत बटिया

कोई समूह निकलता है, गाँव भर को सूना करते हुए, लेकिन गाँव भी अपनी गवनइयों को साथ लिए पीछा किए रहता है उसका।

(ट्रेन के) एसी, फेसी, चेयरकार...सियार फेंकरता रहता है इनमें, दो जो जनरल डिब्बे हैं, ठसाठस भरे हुए हैं।

उनमें गाँव के लिए, टीटियों-सिपाहियों की रंगदारियाँ ही होती हैं पीएम या सीएम या डीएम या जीएम की भूमिका में।

एक कोई छुट्टी आता है तो सबका चूड़ा और चावल और चिठ्ठी और सत्तू और मेथी और कचवनिया और...लेकर जाता है।

गाँव में फौजदारी थी, बात-बात में गारा-गारी की नौबत थी (जिनके बीच, वे), माराफारी गए, वहाँ एक ही में लग रही है उनकी बाटी।

का दो बड़का के जात
परी परिहथ ना हाथ
एगो ढाबा में कोडरमा धोवेले थरिया

गाँवे हमरा ना दाहा
ना दशहरा तकाला
डकमुंशी जी के जतना तकाला रहिया

देखऽ एसों के दहार
दहल बचलो इयार
अब हमरे बा आवेला नमर कहिया

गइलीं खेतवा के आरी
ऊहो बोलल मनवा मारी–
का रे तेहूँ चलि जइबे, बाड़े भल भइया!

(जो कि) क्या तो कि बड़ी जाति के हैं, परिहथ पर हाथ नहीं रख सकते, कोडरमा में (वे) एक ढाबे में (जूठे) बर्तन धोते हैं।

गाँव में हमारे, दाहा और दशहरे की राह भी उतना नहीं देखी जाती जितना डकमुंशी जी की राह देखी जाती है।

देखो कि इस बरस के दहार में बचा हुआ यार भी दह चला, अब तो मेरी ही बारी है, देखें कि कब तक आता है नम्बर!

खेत की ओर गया तो मन मार कर बोला वह भी कि क्यों रे, तू भी चला जाएगा क्या? भला भाई हुआ तू!

होलरी-होलरी

होलरी होलरी होलरी होलरी
जतने छोकरा जतने छोकरी
सबके धोकरी एक-एक नोकरी

एक्के मन्तर एक्के नारा
अऽकच बथुआ बाकी सारा रा-रा-रा-रा

होलरी-होलरी

होलरी होलरी होलरी होलरी...जितने (भी) छोकरे, जितनी (भी) छोकरियाँ, सबकी धोकरी (में) एकेक नौकरी।

एक ही मंत्र, एक ही नारा, बाकी बेकार...सारा-का-सारा।

एह से कम ना, एह से अधिका
बोल रे किसुना बोल रे रधिका
एक्के बोली एक्के सउदा
ना हाथी हथिसार न हउदा
बोल बेटुइया बोल बेटउआ
बभना चमरा जोलहा नउआ
साँझ दुपहरी भोरहीं-भोरहीं
होलरी होलरी होलरी होलरी
जतने छोकरा जतने छोकरी
सबके धोकरी एक-एक नोकरी
एक्के मंतर एक्के नारा
अरकच बथुआ बाकी सारा रा-रा-रा-रा

किसना, बोल रे; बोल रे राधिका, कि इससे कम नहीं, इससे ज्यादा (चाहे जितना)। (यही) एक बोली (यही) एक सौदा। न हाथी, हथिसार, न हौदा। बोलो बेटियों, बोलो बेटों; बोलो बाभनों, चमारों, जुलाहों, नाउओं; साँझ को बोलो, दुपहरी में बोलो, बोलो होते प्रात (कि)...होलरी होलरी होलरी होलरी...जितने (भी) छोकरे, जितनी (भी) छोकरियाँ, सबकी धोकरी (में) एकेक नौकरी...(यही) एक ही मंत्र (यही) एक ही नारा...बाकी बेकार, सारा-का-सारा।

माथ उठा के करीं कमाईं
माथ नवा के खा लीं
सउँसे देहिया दोम के गा लीं
कीर्तन कबो कवाली
कबहूँ 'अय-हय जुल्फीवाला'
कबहूँ 'अय-हय नखरेवाली'
झूमर फगुआ बिरहा बिहुला –
कजरी सोहर सगुनी गारी –
गा...री...?
कि "बनवारी हो, हमरा के –
लरिका भ...तार...
ना न ना...न न र ना...ना ना
ना न ना...न ना ना
बनवारी हो, रहरी में –
बोलेला हुँड़ार..."

माथा उठाकर करूँ, कमाऊँ, माथा झुकाकर खा लूँ। समूची देह से झूम कर गा लूँ...कभी कीर्तन, कभी कव्वाली। कभी 'ऐ है जुल्फीवाला', कभी 'ऐ है नखरेवाली'। कभी झूमर, कभी फगुआ, कभी बिरहा, कभी बिहुला, कभी कजरी, कभी सोहर, कभी सगुनी, कभी गारी...

गा...री...? (जैसे) कि " बनवारी हो, हमरा के लरिका भ...तार...ना न ना, न न र ना, ना ना, ना न ना, न ना ना, बनवारी हो, रहरी में बोलेला हुँड़ार...।"

आन्ही पानी लूक घाम के
आड़े कवनो आपन छान्ही
आपन होखे अपना खाती
लूगा लेवा लोटा लाठी
करमभोग कहिके न रोग से
राम-भरोसे तजीं लड़ाई
भावे भजीं त भजीं, न भय से –
भजीं गोसाईं, राम-दुहाई
जब ना तब अभाव जनि आके –
अड़ के आँख गुड़ेरे पावे
लार-पुआर ललन अँगना में
गीध न गड़े मुड़ेरे पावे
मन के कवनो कोना में
सटकल जनि डाकू-चोर जगा दे
लोर-लोर अस्थामा केकरो
अँगुठाछाप न द्रोण बना दे

आँधी और पानी और लू और धूप से ओट करने वाली अपनी कोई छत हो; अपना हो और अपने लिए हो – लुग्गा और लेवा और लोटा और लाठी। रोग-सोग से (अपनी) लड़ाई को (अपना) कर्म-भोग कह कर राम-भरोसे न छोड़ दूँ (और), दुहाई है रामजी की कि भाव से भगवान को भजूँ तो भजूँ, भय से न भजूँ। जब न तब अभाव न आकर, अड़ कर आँख दिखाने पाए; आँगन में बच्चा हो (कोई) अशक्त-सा, तो मुँड़ेर पर गिद्ध न जमने पाए। ऐसा न हो कहीं कुछ, जो मन के किसी कोने में लुके-छिपे डाकू-चोर को जगा दे, ऐसा कुछ न हो कि कोई आँसू-आँसू अश्वत्थामा किसी द्रोण को अँगूठा-छाप बना दे!

अतने चाहीं। अतना चाहीं
एह से तनिको कम ना चाहीं
मैं भी भूखा ना रहूँ, साधु न भूखा जाय
साँईं अतना दे द जेमें सउँसे कुटुम समाय
ना त निकलऽ घर के बहरी
अब फरदाँवा में फरियाय!

आज भुखासल आँत के आजे
दाल-भात पर तियना चाहीं
ना परसों के पम्पापुर के
राज-पाट के सपना चाहीं
आपन त बस इहे तपेसवा
तवनो तूरे खातिर श्री श्री इन्द्र नरेसवा
रोज नया दिल्ली से भेजत बा एहि देसवा
तोरे नाँवे तोरे खातिर
एगो रोटी के सपना से
एकइस लड़वावे में माहिर
जतने चुप्पा ततने जाहिर
कतने चातुर कतने शातिर
कतने ओझा कतने सोखा
कतने टोनहा कतने टोनही...

इतना ही चाहिए। इतना चाहिए ही। इससे जरा-सा भी कम नहीं चाहिए। साँईं, उतना दीजिए (ही दीजिए) जितने में कुटुम्ब की समाई हो, मैं भी भूखा ना रहूँ, न किसी साधु को भूखा जाने दूँ, नहीं तो...नहीं तो निकलो घर के बाहर, खुले में हो (तेरा-मेरा) फैसला!

आज भुखाई आँत को आज ही चाहिए दाल-भात, ऊपर से तरकारी भी, उसे परसों के पम्पापुर के राज-पाट का सपना नहीं चाहिए। (तो) अपनी तपस्या तो बस, इतनी-सी, (और) उसे भी तोड़ डालने के लिए श्री श्री इन्द्र नरेशवा रोज नई दिल्ली से इस देश को, तुम्हारे ही नाम पर, तुम्हारे ही लिए, एक रोटी के सपने से इक्कीस को लड़वा देने में माहिर जितने चुप्पा, उतने ही जाहिर, जाने कितने चातुर, कितने शातिर, कितने ओझा, कितने सोखा, कितने टोनहा, कितनी टोनही भेज रहा है।

रे इन्नर के चातुर शातिर
रे इन्नर के ओझा-सोखा
रे इन्नर के टोनहा-टोनही
महामोघ मंतर मों जोहनीं
साँझ दुपहरी भोरहीं-भोरहीं
घींच के मारब रहबे ओनहीं –
होलरी होलरी होलरी होलरी
जतने छोकरा जतने छोकरी
सबके धोकरी एक-एक नोकरी

एक्के मन्तर एक्के नारा
अरकच बथुआ बाकी सारा रा-रा-रा-रा...

रे इन्द्र के चातुर-शातिर, ओझा-सोखा, टोनहा-टोनही! महामोघ मंत्र मैंने ढूँढ़ा है; साँझ या दुपहरी या होते प्रात (जब चाहूँ) खींच कर मारूँगा (वह मंत्र), उधर ही रह जाओगे (तुम सब के सब)। (और वह मंत्र है) "होलरी होलरी होलरी होलरी..."

घुस जो पूत समन्दर में

लाख लगा कोचिंग करववलीं
दसहन लाख पढ़ाई में
ए बबुओ, तें आस पुजइहे
पैकेजदार कमाई के

करजा से त गतरे-गत्तर
लदले बानीं अपना के
तोरा के त बबुओ खाली
ए...गो अपना सपना से

सपना कतना सुन्दर रे...
घुस जो पूत समन्दर में
नाक मूँद के बूड़ी मरिहे
पर टँगरी तर मूड़ी करिहे
मोती पइबे अन्दर में
घुस जो पूत समन्दर में

घुस जा पूत समन्दर में

लाख लगाकर (तुम्हें) कोचिंग करवाई, दसियों लाख (तुम्हारी) पढ़ाई में (लगा दिए)...बेटे, पैकेजदार कमाई की (मेरी) आस पूरी कर देना।

कर्ज से तो मैंने 'अपना' अंग-अंग लाद रखा है, तुम पर तो बेटे, (मैंने) अपने केवल एक सपने का बोझ रखा है।

कितना सुन्दर है (यह) सपना! (तो) घुस पड़ो पूत, (इस) समन्दर में।
नाक मूँदकर डुबकी लगाना, ऊपर पैर नीचे सिर कर लेना, मोती पाओगे (समन्दर के) अन्दर।

तनिका नीचे घोंघा-घोंघी
तेकरा नीचे हीरा-मोती
कस के गाँठ लगइहे धोती
खरके ना अभडंगर रे
घुस जो पूत समन्दर में

ऊ मोती बाजारे जइहें
लाख टका में उहाँ बिकइहें
लाख टका नौ लाख कमइहें
नौ से नौ-नौ लाख कमइहें
दुख-दारिद छू-मन्तर रे
घुस जो पूत समन्दर में

पूता लाल लँगौटा कसले
दस-बिस देवी-देवता भखले
आगे-पीछे अगले-बगले
उपरे-नीचे तकले-झँकले
हँस के रोअले रो के हँसले
कुदले ताड़ भ ऊपर से
घुसले पूत समन्दर में

तनिक नीचे घोंघा-घोंघी (पाओगे), उसके नीचे (मिलेंगे) हीरे-मोती, धोती में कस कर गाँठ लगाना, लापरवाह बेटे मेरे! (गाँठ कहीं) खिसक न जाए!

वे मोती बाजार जाएँगे, वहाँ लाख टके में बिकेंगे, वे लाख टके नौ लाख कमाएँगे, वे नौ लाख नौ-नौ लाख कमाएँगे, (और) दुख-दरिद्दर छू-मन्तर...।

बेटे ने लाल लँगोट कसी, दस-बीस देवी-देवताओं की मन्नत मानी; आगे-पीछे, अगल-बगल, ऊपर-नीचे देखा-झाँका; हँस कर रोया, रोकर हँसा, (और) ताड़ भर ऊपर से (समन्दर में) कूद पड़ा।

होड़ लगवले हूब...हूब भर
जोर लगवले खूब...खूब, पर
केहू कहल कि ऊब गइल जब
केहू कहल कि डूब गइल, तब –

"बेटवो गँववलीं, लँगोटवो गँववलीं
तोरो के गँववलीं रे धो-ति-या
धोतिया के तहे-तहे मो-ति-या
मोतिया में लाख टका
लाख में नौ लाख टका
नौ में नौ-नौ लाख टका
तवना में लाल मोरा
खेललीं-खेलवलीं–
पिठइयाँ प, कन्हइया-कोरा..."

होड़ उसने हूब भर लगाई, खूब-खूब जोर लगाया...लेकिन...किसी ने कहा कि ऊब जब गया तब...किसी ने कहा कि...डूब गया तब, और तब...

"बेटा भी गँवा दिया, लँगोट भी गँवा दी और (हे) धोती! तुम्हें भी गँवा दिया! (जिस) धोती की तह-तह में मोती, तह-पर-तह मोती (को होना था)! उन मोतियों में लाख टके, लाख में नौ लाख टके, नौ में नौ-नौ लाख टके! उनमें मेरा लाल, खेला (जिसके साथ), खिलाया (जिसे) पीठ पर, कंधे पर, गोद में..."

जियरा झोराय गइल
अँखिया लोराय गइल
मोतिया त मछरी में, पानी में घोराय गइल...

नाय खोलऽ, पाल तानऽ
जाल-महाजाल डालऽ...
मछरी धराय गइल
गाँव में बिकाय गइल
नून...तेल...लकड़ी...
लइका खाती कँकड़ी...
हाली-हाली खो
बाप गइले नाय लेके
खाय लेके जो

जो, जो रे लला
ताकत त बा केहू तोरा के
जो, जो रे लला
लपक के उठा ली जे कोरा में
जो, जो रे लला...

कलेजा जैसे झकझोर दिया गया, आँखों में आँसू भर आए और मोती तो (जैसे) मछलियों में, पानी में घुल गए...

नाव खोलो, पाल तानो, जाल डालो, महाजाल डालो...धरी गईं मछलियाँ, गाँव में बिक गईं, नमक-तेल-लकड़ी (आई), लड़के के लिए कँकड़ी (आई)...जल्दी-जल्दी खाओ (कँकड़ी), बापू नाव लेकर गए हैं, उनके लिए खाना लेकर जाओ...

जाओ, जाओ मेरे लाल, कोई देख तो रहा है तुम्हारी राह...लपक कर जो गोद में उठा लेगा तुम्हें...जाओ, जाओ मेरे लाल...

परवर-परिकथा

आजु सट्टी में पहिल-पहिल लउकल परोरा
हरियाइ गइल बा
देखऽ परवर-नयन से लखत चहुँओरा
हरियाइ गइल बा

अभी कुछ दिन त टुकुर-टुकुर ताके के बा
फेरु कबो-कबो भाव-ताव थाहे के बा
अब तनी-तनी परस सरस होखे लगल
अब तुरहो जियत तनी जोखे लगल
पटियाइ गइल बा
अब तियना से भुँजिया ले पहुँचल परोरा
पटियाइ गइल बा
अब गवना-बियाह-तिलक थमलस परोरा
पटियाइ गइल बा

परवल-परिकथा

आज सट्टी में (सीजन का) पहला-पहला परवल दिखा, हरिया गई है (हरी हो गई है, हरस गई है सट्टी), (अपनी) परवल-आँखों से चारो ओर लखती हुई, हरिया गई है सट्टी।

अभी कुछ दिन तो टुकुर-टुकुर देखना (भर) है, फिर कभी-कभी भाव-ताव थहाना है, अब तनिक-तनिक सरस परस होने लगा, अब तुरहा (सब्जियाँ बेचने वाला) भी तनिक जिन्दा तौलने लगा, पट गया है परवल। तरकारी से भुँजिया तक पहुँच गया है परवल, पट गया है। अब गौना-विवाह-तिलक (सबको) सम्हाल लिया है परवल ने, पट गया है।

अब आलू में परवर भुलावे के ना
अब परवर में आलू मिलावे के बा
अब देसी-चलानी में बाँटे के
पिया, पकल-पनसोह तनी छाँटे के
ससताइ गइल बा
देखऽ गाँजल बा सट्टी में बोरा-के-बोरा
ससताइ गइल बा
अब लायक बड़कवन के नइखे परोरा
ससताइ गइल बा

जले पा भ के भावे बिकात रहुए
तले बड़िए सवाद से खवात रहुए
अब भावे बिकाता पसेरी के
का दो के खाई खा-खा के छेरी के
पटुआइ गइल बा
अछा कुछ दिन में रेयर हो जाई परोरा
पटुआइ गइल बा
तब फेरु तनी फेयर हो जाई परोरा
पटुआइ गइल बा

अब आलू में परवल को भुलवाना नहीं है, अब परवल में आलू को मिलाना है, अब (परवल को) देसी और चलानी में बाँटना है, पिया! पके और पनसोह (परवल) को अब छाँट (कर अलग कर) देना है, सस्ता हो गया है (परवल), देखो (कि) सट्टी में बोरे-का-बोरा गँजा हुआ है, सस्ता हो गया है, अब बड़कों के लायक नहीं रह गया है परवल, सस्ता हो गया है।

जब तक पाव भर के भाव से बिक रहा था (परवल) तब तक बहुत ही स्वाद से खवा रहा था, अब पसेरी के भाव से बिक रहा है तो क्या तो कि कौन खाएगा, खा-खाकर छेरेगा कौन! पटुआ (पट, शिथिल पड़) गया है (परवल)। अच्छा, कुछ दिन में रेयर (विरल) हो जाएगा परवल, (अभी) पटुआ गया है, तब फिर तनिक फेयर (सुथरा) हो जाएगा परवल, (अभी) पटुआ गया है।

फुलगोभी

हती-हती फुलवा हतना सोभे
बड़का कतना सोभी –
फुलगोभी–
देखते मनवा लोभी –
फुलगोभी!

उजर-उजर फर भर-भर झाबा
जइसे हो नेतवन के साभा
जिन्हनी के कुर्ता-पैजामा –
धँगचि के धोअलस धोबी –
फुलगोभी!
देखते मनवा लोभी –
फुलगोभी!

फूलगोभी

छोटे-छोटे फूल इतना शोभते हैं (तो) बड़ा वाला कितना शोभेगा! फूलगोभी! देखते ही मन लुभा लेगा, लोभी हो जाएगा मन।

उजले-उजले फल। झाबे में भर-भर कर (रखे हुए)। जैसे नेताओं की कोई सभा हो, जिनके कुर्ते-पाजामे पटककर धोए हों धोबी ने।

भुँजले अहा! छेंवकले आहा!!
छनला पर त आहा! आऽहा!!
बाकिर तनी सम्हर के भाया –
पिलुओ कतहीं होखी –
फुलगोभी!
देखते मनवा लोभी –
फुलगोभी!

जे तीयन आलू के मेंजन
परवर, गोभी, बैगन-वैगन
प्रभु! कभु कम करबऽ जो भेजन –
तहरो जिभिया टोकी –
फुलगोभी!
देखते मनवा लोभी –
फुलगोभी!

भूँज लो तो अहा (फूलगोभी)! छौंक लो तो आहा (फूलगोभी)! (और) छान लेने पर तो (फूलगोभी) आहा-आहा!! लेकिन भइया, जरा सम्हल के, पिल्लू भी होगा (ही) कहीं (-न-कहीं)!

आलू की जो संगिनी सब्जियाँ हैं...परवल, गोभी, बैगन-वैगन...उन्हें भेजने में अगर कभी कमी करोगे तो प्रभु! तुम्हारी जीभ भी टोकेगी (जरूर)।

बैगन-धन

का कहिते रंग बैगनी के लोग-बाग
ना जो रहिते बैगन-धन धरा-धाम

ना जानीं हम, जानें देव, जानें पितरे
बाटी, बिना चोखा के ढुकित कइसे भितरे
भसऽ-भसऽ आलू कइ देत जिभिया के जाम
ना जो रहिते बैगन-धन धरा-धाम

बैगन धन

क्या कहते बैगनी रंग को लोग-बाग, अगर बैगन-धन न होता धरा-धाम पर!
मैं न जानूँ, देव ही जानें, पितर ही जानें कि बाटी, बिना चोखे के, (मुँह के) भीतर कैसे घुसती, भसर-भसर आलू जीभ जाम कर देते, अगर बैगन-धन न होता धरा-धाम पर!

मँझिली ना सँझिली बोलावऽ बड़ भउजी
हथवा के उनुके सवदलीं कलउँजी
भेंटियो में कइसे परे पाइत परान राम
ना जो रहिते बैगन-धन धरा-धाम

छोड़ऽ आपन राम अपना अल्लाजी प अँइठल
भंटा-भीतर भंटा के भगवान होइहें बइठल
कइसे होखे पाइत दरसन बिना दुआ-दाम
ना जो रहिते बैगन-धन धरा-धाम

न मँझली न सँझली, बड़की भौजी को बुलाओ, उन्हीं के हाथ की कलौंजी का स्वाद मन-बसा है। (जिसकी, कलौंजी की) भेंटी तक में कैसे पड़ पाते प्राण, अगर बैगन-धन न होता धरा-धाम पर!

अपने राम, अपने अल्लाजी पर ऐंठना छोड़िए, भंटे के भीतर (ही) भंटे के भगवान बैठे होंगे, कैसे हो पाते (उनके) दर्शन, बिना दुआ बिना दाम के, अगर बैगन-धन न होता धरा-धाम पर!

नेवता पर नेवता पर नेवता

आज तिलक में छौंड़ा के
कल छौंड़ी के बरियात में
दिन भर मँड़वाने-भतवाने
जबरन जगरम रात के

नेवता पर नेवता पर नेवता
एक लगन में चर-चर गो
एने लूक लहरिया मारे
रोके (राखे) पत पीपर-बर हो
ए चाचा तू ओइजा हो ल
ए बाचा तू होइजा
हम उहँवा नस्ता सँपरा के
हुँहवा पहुँचब पाँत में

न्योते पर न्योता पर न्योता

आज (किसी) लड़के के (आए) तिलक में, कल (किसी) लड़की की (आई) बारात में, दिन भर मँड़वान में, भतवान में, रात को जबरन का जागरण।

न्योते पर न्योता पर न्योता। एक लगन में चार-चार (न्योते)। इधर लू लहर मार रही है, प्रत्येक वट, प्रत्येक पीपल (जैसे) रोक रहा है (कि तनिक छहाँ लो)। (इस लू-लहर में, वट-पीपल ही हमारा पत रख पाते हैं।) चाचा, आप वहाँ हो लें और बेटे, तुम वहाँ हो लो। मैं वहाँ नास्ते में शामिल होकर, वहाँ (भोजन की) पाँत में पहुँचूँगा।

ओहिजा नेवता नगद चलेला
होहिजा धोती आ साड़ी
हो हितई त पहुँचावे के –
बाटे, दही भरल हाँड़ी
छूटे मत, हिल हिंड़ा न जाए
भुला न जाए बात में

पाँचबजियवा बस के सट्टा
सातबजियवा बिगड़ल बा
आठबजियवा दस पर पहुँचल
चवा-चूल ले ठकचल बा
जिपिया माँगे एबरी-दोबरी
दे द जिउआ जाँत के

लागल खोंच नया कुर्ता में
फाटल गंजी झाँकत बा
कवन सफाई लंगड़इला के
माँगल पनही काटत बा
ई सुख का जाने जे रोजे
खेलत बा अफरात से

आज तिलक में छौंड़ा के
कल छौंड़ी के बरियात में
दिन भर मँड़वाने-भतवाने
जबरन जगरम रात के

वहाँ नगद न्योता चलता है, वहाँ धोती और साड़ी (चलती है), (और) उस संबंधी के यहाँ तो भर हाँड़ी दही पहुँचाना है। छूट न जाए (दही की हाँड़ी), हिलकर हिंड़ा न जाए (दही), बातों में भूल न जाए (कि दही की हाँड़ी भी है साथ में)।

पाँच बजे वाली बस का सट्टा है, सात बजे वाली बिगड़ी (पड़ी) है, आठ बजे वाली दस पर पहुँची, ऊपर से नीचे तक ठकची हुई है। जीप वाला एक का दो माँग रहा है; दे दो, मन मारकर (ही सही)।

खोंचा लग गया नए कुर्ते में, (भीतर से) फटी गंजी झाँक रही है। लंगड़ा कर चलने की कौन-सी सफाई दें (कौन लंगड़ा कर चलने की सफाई दे), माँग कर पहना हुआ जूता काट रहा है। इस सुख को वह क्या जाने जो रोज अफरात से खेल रहा है!

पहुन-मनावन

अब आइल बाड़ऽ त बइठऽ
जनि दुअरे प खड़े-खड़े अँइठऽ

ई जे आवते तू जाए-जाए नधलऽ, सभे के हदसवलऽ
से बड़ ना बड़कवा कहइबऽ

तनी कुला करि मुँह जुठियाइ, दुइ गाल बतियाइ
तनी ओलर-पलर सुसुतइतऽ

चलि के अइला के अतना गुमान, मारे ओरहन उतान
बाते-बाते बिना बाते तरनइलऽ

पाहुन-मनावन

अब आए हो तो बैठो (भी), ऐंठो मत दरवाजे पर ही खड़े-खड़े।

यह जो आते ही तुमने जाने-जाने की रट लगा दी, हदसा दिया सबको, उससे बहुत बड़े तो नहीं कहे जाओगे!

तनिक कुल्ला कर, मुँह जूठा कर, बतिया कर दो गाल, सुस्ताते (तुम) तनिक, असर-पसर कर!

चल कर आने का (तुम्हें) इतना गुमान, (कि) मारे उलाहनों के तने हुए हो; बात-बात पर, बिना किसी बात के अकड़े जा रहे हो!

हम जे राते-दिने रहिया निहरलीं, अनेसे जिउआ जियलीं
तू तवना के ना नू पतियइलऽ

तहरा अइला के मानीं एहसान, मानीं ठकुरी ठसक मेहमान
हमसे सँपरी ना तुहूँ अकुतइबऽ

चाहे मानऽ चाहे ना हो, चाहे रहऽ चाहे जा हो
जानऽ तानी जवन जाके उजियइबऽ

अब हँसि द हहा के, धावऽ धइ ल धधा के
जवन चहलऽ से सब कहवइलऽ

(और) मैंने जो रात-दिन तुम्हारी राह निहारी, अँदेसों में जीता रहा...उस पर तो तुम्हें (कोई) भरोसा ही नहीं न!

तुम्हारे आने का एहसान मानूँ, ठाकुरी ठसक वाला मेहमान मानूँ तुम्हें...मुझसे तो यह सँपरेगा नहीं, तुम भी उक्ता जाओगे।

(अब) चाहे मानो या मत मानो, रहो या जाओ...(वैसे) जानता हूँ जाकर जो उजियाओगे सो...।

अब तो हँस दो हहाकर, धाकर धर लो धधाकर, जो चाहा (तुमने) सब तो (मुझसे) कहवा लिया...!

दुकान ह ई पंचर के पक्का

हैण्डिल पैडिल टायर चक्का
दुकान ह ई पंचर के पक्का

ना कवनो पोस्टर ना कवनो पलानी
काठे के बक्सा बा नादे में पानी
लागे के दुइ-चार टक्का
दुकान ह ई पंचर के पक्का

ओ से भरइबऽ चवन्नी लगइबऽ
अपने से भरबऽ त ऊहो बचइबऽ
पंप बदे भइल धरमधक्का
दुकान ह ई पंचर के पक्का

दुकान है यह पंचर की पक्की

हैण्डल और पैडल और टायर और चक्का...पक्का है कि यह पंचर (ठीक करने) की दुकान है।

न (प्रचार के लिए) कोई पोस्टर, न (ठिकाने के तौर पर) कोई पलानी, काठ का ही (एक) बक्सा और (एक) नाद में ही पानी, (और) लगने को दो ही चार रुपये...पक्का है कि यह पंचर की दुकान है।

उससे भरवाओगे तो चवन्नी लगाओगे, अपने से भरोगे तो वह भी बचाओगे...पंप के लिए धरमधक्के-जैसी हालत है...पक्का है कि यह पंचर की दुकान है।

डक्टर वकीलऽफ्सर हीरो भा नेता
लाखन-करोड़न में लेता आ देता
सुनियो के हक्का न बक्का
(सुनियो के खाय ना सनक्का)
दुकान ह ई पंचर के पक्का

दुइ चेला, इक भैना, एगो भतीजा
तनी-तनी गलती प नौ-नौ नतीजा
बुढ़वा लगी मम्मा कक्का
दुकान ह ई पंचर के पक्का

देसवा बँटा देले नेतवा अभागा
एक्के में बान्हे ए धंधा के धागा
दिल्ली लाहौर चाहे ढक्का
दुकान ह ई पंचर के पक्का

डॉक्टर, वकील, अफसर, हीरो या नेता लाखों-करोड़ों में लेते-देते हैं...यह सुनकर भी वह न हक्का है न बक्का है (सुनकर भी सन्न नहीं रह जाता)...पक्का है कि यह पंचर की दुकान है।

दो चेले हैं (उसके, उसके साथ)। (उनमें से) एक (उसका) भाँजा है, एक भतीजा है, (उनकी) छोटी-छोटी गलती पर (उनके) नौ-नौ नतीजे करता है (जो, वह) बुड्ढा (उनका) मामा लगता है, काका लगता है...पक्का है कि यह पंचर की दुकान है।

देश बँटा दिया अभागे नेताओं ने, (लेकिन) इस धंधे का धागा एक ही में बाँधता है; दिल्ली हो, लाहौर या ढाका...पक्का है कि यह पंचर की दुकान है।

डेली पसिंजरी के गीत

अँइसे जनि अँइठीं
कुछ घुसुकिए के बइठीं
कहियो कामे आई दोसरा के देल जगहा

तनी हो लीं आगा-पाछा
मोरे बाबू भाई बाचा
तहाँ कहहूँ में आई जहाँ परी परता

जल्दीबाजी के जमाना
छूटे ओरहन न ताना
कहूँ सुनले रहीं दुइए दिन के होला जतरा

डेली पैसेन्जरी का गीत

जरा खिसक के ही बैठिए, ऐंठिए मत जी ऐसे, काम ही आएगा किसी दिन, किसी को जगह यह देना।

बाबू मेरे, बचवा मोर! तनिक आगे-पीछे हो लो; अभी हो लोगे, तो कभी, पटरी जहाँ बैठ जाए, वहाँ, किसी से तनिक आगे-पीछे हो लेने को कहते भी बनेगा।

जल्दीबाजी का है यह जमाना, (जल्दी-जल्दी में हमारे नाम से किसी के पास) कोई उलाहना, कोई ताना न छूट जाए! सुन रखा है कहीं कि दो ही दिन की होती है यह (जीवन) यात्रा!

बाते-बाते मुँहाठोंठी
खोदे खुनुस के खोंठी
से त जबरी न पतरा में हेरे भदरा

एगो गठरी बा माथे
एगो ठठरी बा साथे
चलीं हाथे-पाथे बाते में बिता लीं रहता

केहू कहीं से अवइया
केहू कहीं के जवइया
कुछ बताईं-पूछीं गाँव-घर-आरे-पटना

जइसे ईहे कि कल्हुइयाँ
रउरो ओरिया परुए बुनिया
आकि छाइए छुइए छने छितरइले बदरा

बात-बात में बाता-बाती पर जो आमादा, मुरझाते घावों को हरियराते रहने का जो आदती, वह तो जबरन न पत्रा में भद्रा हेर रहा है!

एक गठरी है माथे पर और एक ठठरी है साथ में, तो चलते हैं, सहारे लेते-देते, बातों में रास्ता बिता लेते हैं।

कोई आता हुआ है कहीं से, कोई जाता हुआ है कहीं को, तो कुछ बताइए, कुछ पूछिए; गाँव के, घर-आरा-पटना के बारे में।

जैसे यही कि कल आपकी तरफ भी पानी पड़ा कि बस छाकर, छूकर ही छन भर, छितरा गए बादल!

केहू खइनी केहू बींड़ी
केहू पीटी केहू पीही
केहू बरिजे त मानि लीं मना लीं मनवा

बाकी देखीं जो अनेत
धा के ध के लीं लपेट
ई जे सँपरे ना, गा के ई सुना दीं गनवा

(कि) अँइसे जनि अँइठीं
कुछ घुसुकिए के बइठीं
कहियो कामे आई दोसरा के देल जगहा

कोई खैनी पीटेगा, कोई बीड़ी पीएगा। कोई मना करे इससे, तो मान लीजिए, मना लीजिए मन।

लेकिन, अनीति अगर देखिए तो दौड़ कर, पकड़ कर लपेटे में ले लीजिए; यह नहीं अगर सँपरे तो यह जो गीत है उसी को गाकर सुना दीजिए...कि ऐंठिए मत जी ऐसे, जरा खिसक के ही बैठिए; यह, किसी को जगह यह देना, काम ही आएगा किसी दिन।

मउअत पूछे जात

बिना हरवले हो गइल, ई हुमचउआ हार
हाथी चलल बजार में, कुकुर न भूँकनिहार

भाग बखानस का भला, भुँइया ठाढ़ बिलार
सिकहर टूटल माथ पर, फूटल लोल लिलार

करनी-धरनी कुच्छ ना, मालगोभा के आस
ईहो कवनो खास के, होइहें खासमखास

मृत्यु पूछती है जाति

हाथी चला बाजार और कुत्ता नहीं कहीं कोई भौंकने को तैयार – बिना हराए हो गई यह जबरदस्त हार!

क्या बखानें भला भाग्य, भूमि पर खड़े बिलार, छींका टूटा, लेकिन ऐन उनके कपार पर, फूट गए होंठ, ललाट।

करनी-धरनी कुछ नहीं और मालभोग की आस – (जरूर) ये भी किसी खास के खासमखास होंगे।

हतहत गाँव भुला गइल, कहँवा पाइब टोह
कुछ कचहरिया काँख में, कुछ थाना के नोह

बाबा हो जतियाँव में, जियलऽ तू दिन-रात
बबुआ के जुग आ गइल, मउअत पूछे जात

घर के ढिबरी ढार के, दुअरा धरि ललटेन
हमहूँ जानीं स्वागतम, अइहऽ पहुना फेन

सत के सोर पताल में, फूले-फरे अकास
धरती धइले झूठ जी, भरसक ना बढ़ियास

छाँव सराहस घाम में, घाम सराहस छाँव
टाँग पसरले शहर में, साव सराहस गाँव

दंगा हो के हट गइल, अब सीजन सद्भाव
जे बाँचल बा आग से, आवे कूप खनाव

इतना बड़ा गाँव खो गया, कहाँ टोह पाएँ? कुछ तो वह कचहरी की काँख में होगा, कुछ होगा थाने के नाखून में।

बाबा, तुम तो दिन-रात जतियाँव में जिए, अब जमाना बबुआ का है, मौत पूछती है अब कि किस जाति के हो!

घर की ढिबरी (का तेल) ढाल कर, दरवाजे पर रख कर लालटेन, कहा कि मुझे भी स्वागत की विद्या आती है, अतिथि! फिर आना।

सत्य की जड़ें पाताल में हैं और वह आकाश में फलता-फूलता है, धरती पकड़े हुए झूठ जी भरसक थोड़े न बढ़न्ती पर हैं!

छाँव को सराहते हैं धूप में, धूप को सराहते हैं छाँव में, शहर में पाँव पसारे हुए साव जी गाँव को सराहते हैं।

दंगा होकर हट गया, अब सद्भाव का मौसम है, जो आग से बच गए हैं, उनके लिए, आएँ, कुएँ खोदे जाएँ।

हाइयो से हाऽई

तन हाई तन हाई त न हाऽई
मन हाई मन हाई म न हाऽई
हाइयो से हाऽई...हाइयो से हाऽई...

चाटत रहल जे
माथा हरमेसे
चलि देले बाटे से
बेटा परदेसे
जाई, कमाऽई...हाइयो से हाऽई...

हाई से भी हाई

तन हाई, तन हाई, तन हाई। मन हाई, मन हाई, मन हाई। हाई से भी हाई...हाई से भी हाई।

माथा जो चाटता रहता था, हमेशा; चल दिया है वह बेटा परदेश, जाएगा, कमाएगा...हाई से भी हाई।

पढ़िहें कलटरी अब
बबुआ के भाई
बबुआ के दिदिया ना
दब के बतियाई
बबुआ के माऽई...हाइयो से हाऽई...

हमहूँ रहब, हो –
भुँइहरवा लेखा
चाभब मलाई, हो –
बाभनवा लेखा
ठानब ठकुराऽई...हाइयो से हाऽई...

कलक्टरी की पढ़ाई पढ़ेगा अब, बबुआ का भाई। बबुआ की दीदी (अब) दब कर नहीं बतिआएगी (किसी से)। (और) बबुआ की माई...हाई से भी हाई।

मैं भी रहूँगा (अब) उस भूमिहरवा की तरह। (अब मैं भी) मलाई चाभूँगा उस बाभनवा की तरह। (मैं भी अब) ठानूँगा ठकुराई...हाई से भी हाई।

देखीं अबकी बे का होला

चलल चुनावी चर्चा चहुँदिसि –
चढ़ल चंग पर चोला
देखीं, अबकी बे का होला
देखीं-देखीं, अबकी बे का होला

ऊहे रही कि ऊहो जाई
के खोरी के खाई
अबकी कवन चोर चउमाथा –
चढ़ के बिरहा गाई
केकरा मन माहुर के मोरी –
मय मुँह से मिठबोला
देखीं, अबकी बे का होला

देखें, अबकी बार क्या होता है

चहुँदिस चल पड़ी चुनाव की चर्चा, चंग पर चढ़ा है चोला, देखें, कि अबकी बार क्या होता है!

देखें, कि वही रहेगा कि वह भी जाएगा। कि अब कौन खोरे-खाएगा। कि अबकी कौन चोर चौराहे पर चढ़ कर बिरहा गाएगा। (पता नहीं) किसके मन में माहुर की मोरी बह रही है, मुँह से तो सब-के-सब मिठबोले हैं।

आपन-आपन धरम धरीं जा
आपन-आपन जतिया
छोड़ीं छाव न कबो –
बिसारीं पँचबरिसा दुरगतिया
अपना आँठी के अलमोला –
अवसि-अवसि अनमोला
देखीं, अबकी बे का होला

ऐरू-गैरू-नत्थू-खैरू
लेंढ़ा-ढोंढ़ा-मंगरू
अखनी सब बाबू-भइया, जे –
सब दिन बलि के बछरू
ईहे मोका बा बोका जी
रउरो ठाँसी छोला
देखीं, अबकी बे का होला

अपने नखरे न छोड़ें, अपने-अपने धर्म को, अपनी-अपनी जाति को पकड़े रहें, भूल जाएँ अपनी पंचवर्षीय दुर्गतियों को। (मान कर चलें कि आम की) अपनी वाली गुठली का अलमोला, अवश्य कर के होता है अनमोल।

ऐरू-गैरू-नत्थू-खैरू-लेंढ़ा-ढोंढ़ा-मंगरू...ये सब, जो सब दिन बलि के बछरू रहे, इस समय बाबू हैं, भइया हैं। यही मौका है बोका जी, आप भी ठाँस कर छोला खा लें।

एने देश रसातल, ओने –
भारी भासन भोंभा
बाटुर भोट बटोरीं, चाभीं –
रजगद्दी मलगोभा
हे हाथे लुचुई ल लोगिन
हो हाथे हजमोला
देखीं, अबकी बे का होला

जहँवे चहले तहें मुँतवले
अब कलकल ककुलावे अइले
एक्के थइला से छितरा के
ऊहे मुँह महकावे अइले
अँइसे त जानल –
हरबे फरबे जितबे बमगोला
देखीं, अबकी बे का होला
देखीं-देखीं, अबकी बे का होला...

इधर देश रसातल में, उधर भोंभा पर भारी-भारी भाषण। बटोर लीजिए वोटों की ढेर और राजगद्दी का मालभोग चाभिए। इस हाथ से लुचुई (शुद्ध घी की गजकर्णाकार पूरी) लो लोगो और (उसे पचाने के लिए) उस हाथ से हाजमोला...।'

जहाँ चाहा तुमने, हमसे मुँतवाया (तक) वहीं, और अब आ गए हमारी खाज को खुजलाने (का मजा देने)। एक ही थैले से छितराकर अपना वही-वही मुँह महकाने। वैसे, जाना हुआ तो यही है कि हारोगे फाड़ोगे, जीतोगे बमगोला बन जाओगे।

(लेकिन) देखें, अबकी क्या होता है!

क हो का हाल-चाल?

क हो का हाल-चाल?

चकाचक। ठीकठाक। ठीकेठाक।

कभी घन्नेघना
कभी मुठी भ चना
कभी ऊहो मना
बाकी पूछे जो केहू कि का हाल-चाल...
चकाचक। ठीकठाक। ठीकेठाक।

देसा-बिदेसा में टन्सन बहुत
आफत प आफत बिपत प बिपत रामा –
कुफुते-कुफुत!

का हो का हाल-चाल

का हो, का हाल-चाल? चकाचक। ठीकठाक। ठीक ही ठाक।

कभी घनेघना। कभी मुट्ठी भर चना। कभी वह भी मना। पर, पूछे अगर कोई कि क्या हाल-चाल; (तो) चकाचक। ठीकठाक। ठीक ही ठाक।

देश में, विदेश में टेन्शन बहुतेरे। आफत पर आफत, विपद् पर विपद्, (और) हे (हाय) राम! कोफ्त ही कोफ्त!

अरे धुत्! धुत् बुड़बक!!
टन्सन त ई है कि खइनी है चूना नहीं...
कहती है बीबी –
नहइला बिना प्यारे, जूता भी छूना नहीं...

गुरू...बहुते सही...

सही हौ त भइया, एही बात प...
चाह चउचक पियावऽ त जानीं
पान खइबऽ त खा
ना खियइबऽ त जा
हमके चूना लहा द त जानीं...

धत्तेरे की...बुड़बक कहीं के! टेन्शन तो यह है कि खैनी तो है, लेकिन चूना नहीं। टेन्शन तो यह है कि बीवी कहती है कि प्यारे! बिना नहाए, जूता भी छूना नहीं!

गुरू! बहुत ही सही (बात यह तुमने कही)।

सही है तो इसी बात पर भइया, जोरदार एक चाय पिला दो तो जानूँ! पान खाओगे तो खा लो, खिलाओगे (मुझे अगर) नहीं (भी) तो (कोई बात नहीं) जाओ, मुझे (बस) चूना लहा दो तो जानूँ!

अइसा है भइया...
कि कइसे बताएँ कि कइसा है
तुम्हरे तो खातिर में
चाह-पान कौन जिनिस
जीव-जान जौन कहो हाजिर है
बाकिर ऊ का है कि टाइम का तोड़ा है
अभी हैं इद्धर, पर –
दुइए मिनिट बाद उद्धर को होना है
जागमजाग...भागमभाग...
टेम पर न खाना न पीना न सोना है
काऽऽ करिएगा...
बहुत-बहुत पाना है
तो कुछ-ना-कुछ तो खोना है...!

अरे छोड़ऽ हो
आवऽ
बइठऽ
बतियावऽ दुइ गाल
आ केहू जो पूछे कि का हाल-चाल...
चकाचक। ठीक-ठाक। ठीकेठाक।

कभी घन्नेघना
कभी मुठी भ चना
कभी ऊहो मना
बाकी पूछे जो केहू कि का हाल-चाल...
चकाचक। ठीकठाक। ठीकेठाक।

ऐसा है भइया...कि कैसे बताएँ कि कैसा है! तुम्हारी तो खातिर में चाय-पान कौन चीज, जी-जान जो कहो हाजिर है। लेकिन, वो क्या है कि टाइम का तोड़ा है। अभी हैं इधर, पर, दो ही मिनट बाद उधर को होना है। जागमजाग (के साथ-साथ)...भागमभाग...। टाइम पर न खाना, न पीना, न सोना है...। क्याऽऽ करिएगा, बहुत-बहुत पाना है तो कुछ-ना-कुछ तो खोना है...

अरे छोड़ो भी। आओ। बैठो। बतिआओ दो गाल...और पूछे जो कोई कि क्या हाल-चाल! (तो) चकाचक। ठीकठाक। ठीक ही ठाक।

नखरे देखो

॥ एक ॥

हाफ टेम काम किया दूइ घड़ी राम किया
जौन-जौन किया तौन झूम किया झाम किया
झाँवा से मल-मल के घण्टन सनान किया
सनलैट साबुन का आधा जियान किया
बबड़ी सँवार लिया जोड़ा-जामा झार लिया
नौके बियहुती इयार से उधार लिया
नगदे अठन्नी का दूइ सींक पान लिया
आध पहर ऐनक से अँखिया मिलान किया

नखरे देखो

॥ एक ॥

हाफ टाइम काम किया, दो घड़ी आराम किया। जो-जो किया झूम के किया, झूम-झाम के किया। झाँवे से मल-मल कर घंटों स्नान किया, सनलाइट साबुन का आधा जियान किया। बाल सँवार लिए, नए ब्याहे यार से उधार लिए जोड़े-जामे से अपने को साज लिया। नगद अठन्नी का दो सींक पान लिया, आधे पहर तक ऐनक से किया अँखमिलान।

इसी तरह मन्नू ने
मानी मजूरे ने
साली का बारात किया
साँढू गए कोहबर से
साली से बात किया
चुन-चुन मजाक किया
मात हुआ मात किया
पाती-उती लिखने का किया दरखास
नखरे देखो...
नखरे देखो धोती में जारबन लगी
नखरे देखो...

इसी तरह मानी मजूरे मन्नू ने साली की बारात की। साँढू गए कोहबर से तो साली से बात की। चुन-चुन कर किए मजाक। (इन मजाकों के मामले में) मात हुआ भी, मात किया भी। (साली से) पाती-वाती लिखते रहने की दरख्वास्त की...

(और) नखरे देखो कि नाड़े से बाँध रखी है धोती...!

॥ दू ॥

सारा दिन दौनी में गत्तर थकाय लिया
साँझ पहर राम कहा पित्तर मनाय लिया
सानी किया पानी किया चिउरा चबाय लिया
चार गाल इन-उन से दुख-सुख बतियाय लिया
तलमल को थाम लिया, भटकल को राह दिया
थथमल को बाँह दिया, सहँकल को डाँट दिया
भऽर ढींढ़ खाय लिया खैनी दबाय लिया
मावस की रात चार चंदा लगाय लिया

इसी तरह मन्ना ने
अनकर हरजोतवा ने
दिन किया रात किया
जिनिगी झँवान किया
ठेंगे पे महलन का राखा उजास
नखरे देखो...
नखरे देखो पोंछिटा को माने रूमाल
नखरे देखो...

॥ दो ॥

सारा दिन दँवनी में...अंग-अंग थका लिया। साँझ पहर राम का नाम लिया, पितरों को मना लिया, मान दिया। (बैलों को) सानी-पानी किया, चिउड़ा चबा लिया। चार गाल, इनसे-उनसे, दुख-सुख बतिया लिया। तलमलातों को थाम लिया, भटके हुओं को राह दी, थथमे हुओं को बाँह दी, सहके हुओं को डाँट दिया। भर पेट खा लिया, खैनी दबा ली (और इस तरह) अमावस की रात में भी (गोया) चार चाँद लगा लिए।

इसी तरह, दूसरे का हल जोतने वाले मन्ना ने दिन किया, रात किया, जिन्दगी को तपा दिया, महलों के उजास को ठेंगे पर रखा...

(और) देखो नखरे, कि पोंछिटा को, मानता है कि (जैसे कि) रूमाल है...!

॥ तीन ॥

जतरा बताय दिया पतरा पुजाय लिया
गोबर से चुन-चुन के पइसा उठाय लिया
टीपन मिलाय ब्याह बरही बिचार किया
खेत पहिलरोपी का सुद्दिन निकार दिया
पिण्डा पराय दिया, घंटा टंगाय दिया
जीते-मर्ते खाया, छन्ना बन्हाय लिया
दूइ कुला संस्कृत में सबकुछ निबाह दिया
टका-टका दछिना पर गजबे कुचाह किया

॥ तीन ॥

यात्रा का मुहूर्त बता दिया, पत्रा की पूजा करा ली, गोबर से (भी) चुन-चुन कर पैसा उठा लिया। जन्म-पत्री मिला दी, विवाह-बरही (कब हो, कैसे, इसका) विचार किया, खेत में पहली रोपनी के लिए सुदिन निकाल दिया। पिण्डा दिलवा दिया, घण्ट टँगवा दिया; जीते भी खाया, मरते भी खाया, छन्ना (घर ले जाने के लिए भोजन) भी बँधवा लिया। (महज) दो कुल्ला संस्कृत में सब कुछ (सारा कर्मकाण्ड) निभा दिया, टका-टका दक्षिणा के लिए गजब किच-किच किया।

इसी तरह मंग्लू ने
पाँड़े पूरहितू ने
बेटी बेरमिता को
डगदर दिखाय दिया
जोड़ा जनेव लिए
जै-जै मचाय दिया
गिटपिट अंगरेजी में
भरमन डँटाय लिया
एक लगन फीस-तीस किसिम-किसिम जाँच
नखरे देखो...
दूजे लगन दवा-बिरो तीजे गंगालाभ
नखरे देखो...
नखरे देखो अर्थी पे गए शालिग्राम
दुखड़े देखो...

इसी तरह पाँड़े पुरोहित मंग्लू ने बीमार बेटी को डॉक्टर को दिखा दिया। (बदले में डॉक्टर को देने के लिए हाथों में) जोड़ा जनेऊ लेकर जय-जय मचा दिया, (और इसके चलते) गिटपिट अंग्रेजी में मन भर डाँट खा ली।

और नखरे देखो, कि एक लगन की कमाई में फीस-वीस दी गई, किस्म-किस्म की जाँच हुई, दूसरे लगने की कमाई में दवा दी गई और तीसरे लगन के आते-आते बेटी को गंगालाभ हो गया।

(और) देखो दुखड़े कि अर्थी पर (बेटी ही नहीं गई) गए शालिग्राम (भी)!

हारन

जामो में बजावत बाड़न हारन
फारि देले कान कुलतारन
हारन प हारन प हारन
फारि देले कान कुलतारन

कहलीं कि 'आहो, चुप हो जा'
ताल ठोंकि आइ गइले सोझा
चाहत बाड़न दुइ फैट मारन
जे बा से बा सब मुँहताकन

'बानीं तहरा बाबू के उमिर के
मारऽ, बाकी उनुके सुमिरि के
बातन भा हाथन भा लातन'
कहि, थामि लेलीं हिय आपन

हॉर्न

जाम में भी हॉर्न बजा रहा है, कान फाड़े दे रहा है (यह) कुल-तारक...हॉर्न पर हॉर्न पर हॉर्न...कान फाड़े दे रहा (यह) कुल-तारक!

कहा कि अजी, (अब) चुप (भी) हो जाओ। (सुना उसने तो) ताल ठोक कर सामने आ गया। (लगा कि) मारना चाहता है दो फैट (घूसे)। (और महज) मुँहतकवा हैं, जो हैं (आस-पास) वे।

"तुम्हारे पिता की उमर का हूँ मैं, मारो, मगर मारो उन्हें ही सुमिर कर – चाहे बातों से, हाथों से या लातों से" – कह कर हाथों हृदय थाम लिया (मैंने अपना)।

देखलीं कि गँवे डबडबइले
कहले ना कुछु, घूमि गइले
जेठवो में झूमि अइले सावन
बाजऽ हो बादर मनभावन

बिहँसि बदरऊ अकासे
कहले कि बानीं तोरा पासे
बनि एही बचवा के हारन
सीखेलीं बधावा लेखा बाजन

हारन प हारन प हारन
ई जे सुख, टरले ना टारन

देखा (मैंने) कि (वह यह) सुन कर डबडबा आया, आहिस्ते...कहा नहीं कुछ, घूम गया। (यह देख, लगा जैसे) जेठ में भी सावन आ गया है, झूम कर। (तो) "बजो हो बादर मनभावन!" "मनभावन बजो हो बादर!"

विहँस कर कहा आकाश में से, बादर ने, कि पास ही हूँ तुम्हारे, इस बचवा का हॉर्न बनकर। इससे बधावे की तरह बजना सीख रहा हूँ।

हॉर्न पर हॉर्न पर हॉर्न...टाले नहीं टलने को यह सुख।

॥ तनिक-तनिक कुछ कहल-सुनल, कुछ कहा-सुनी ॥

एगो सट्टी-संवाद

– (गुनगुना के)
  "कइसे बाटे नेनुआ हो, कइसे बाटे झिंगुनी?"
– (भुनभुना के)
  "लेबेले ना देबे, खाली भावे पूछे बिहुनी!
  (सुना के)
  पुछला से का रे का सवाद मिलि जाला कुछ?"
– (गुनगुना के)
  "मिलेला, बतवले तहार घटे ना जो भउजी!"

– (गुनगुनाकर) नेनुआ कैसे है हो, झिंगुनी कैसे है?
– (भुनभुनाकर) न कुछ लेती है, न देती है, बस भाव ही पूछती रहती है बिहुनी!
  (सुनाकर) क्यों री, पूछने से कुछ स्वाद मिल जाता है क्या तुझे?
– (गुनगुनाकर) मिलता है, अगर बताने से भौजी, तुम्हारा घटता नहीं है, तो!

निन्दक

जहिए से
निन्दक नियरे रखलीं
आँगन कुटी छवाय
तहिए से
सुतलो में ऊ ससुरा
बड़ाइए हमार बउआय!

जिस दिन से नियरे रखा निन्दक को, आँगन में कुटी छवा के, उसी दिन से, सोए में भी वह ससुरा, बड़ाई ही मेरी बउआए।

पुआ गटकीं

– सास ना ननद
घरे अपने अनन्द
पुआ गटकीं?

– गटकीं...
बाकी, पानी के दी
कपार के ठोंकी
जब अँटकी?

– न सास न नन्द, आनन्द ही आनन्द, पुए गटकें क्या?
– गटके जा, पर, पानी कौन देगा, थपकेगा माथा कौन, जब अँटकेगा?

राम रे राम

– तू तरकारी कत्थी से छेंवकेलू?
– तेल से।
– राम रे राम! तेलाइन ना लागे?
– तू का से छेंवकेलू?
– घीव से।
– राम रे राम! घिवाइन ना लागे?

"तुम तरकारी किस चीज से छेंवकती हो?" "तेल से।" "राम रे राम! तेलाइन नहीं लगता?" "किससे छेंवकती हो तुम?" "घी से।" "राम रे राम! घिवाइन नहीं लगता?"

गिनती

– आकास में कै गो जोन्ही बा?
– तीन गो।
– ई कइसे हो?
– हमरा अतने ले गिनितिए आवेला
   ए फलनवा बो!

"कितने हैं तारे आकाशे?" "तीन ठो।" "सो कैसे हो?" इतने तक ही, आती है गिनती हमारे को, हे फलना बो!"

बेकहल

– हेने आउ
– ना आइब
– होने जो
– ना जाइब
– जाए दे, जनि जो
– जाइब काहे ना!
– आछा, त जवन मन में आई
तवन त करबे?
– ना भगबे...
काल्हे से कहे तें लगबे कि ना
कि बेकहल तें हउए...!

"इधर आ।" "नहीं आऊँगा।" "उधर जा।" "नहीं जाऊँगा।" "जाने दे, मत जा।" "जाऊँगा क्यों नहीं!" "अच्छा, तो जो मन में आएगा सो तो करेगा?" "अबे भाग बे...'कहना नहीं करता', कल ही से कहने लगेगा कि नहीं तू!"

इयारी

घोड़ा घास से लगाई इयारी
त खाई का ए भाई?
आ त...खाई त घासे न भैवा
ना त
इयारी लगवला से फैदा?

घोड़ा घास से लगाएगा यारी, तो खाएगा क्या भाई? तो...खाएगा तो घास ही न भाया, नहीं तो, यारी लगाने से फायदा?

झूठ-साँच

ई त साँचे ह
कि ऊ सोना जोखेले
आ हम हील काछींले
बाकी ईहो झूठ थोरे ह
कि ऊ सूखल जोखेले
आ हम गील काछींले

यह तो सच ही है कि वे सोना तौलते हैं और मैं हील काछता हूँ, लेकिन यह भी झूठ थोड़े है कि वे सूखा तौलते हैं और मैं गीला काछता हूँ।

राय

'वसुधा एव कुटुम्बकम्'...के दिहलीं जब राय
त...'साँईं इतना दीजिए, जामें कुटुम समाय'

'वसुधैव कुटुम्बकम्' की राय जब दी है, तो 'साँईं! इतना दीजिए,जामें कुटुम समाय'।

फरियावन

साँईं इतना दीजिए, जामें कुटुम समाय
मैं भी भूखा ना रहूँ, साधु न भूखा जाय
ना त निकलऽ घर के बहरी
अब फरदाँवा में फरिआय

साँईं, इतना दीजिए जिसमें कुटुम्ब की समाई हो, न मैं भूखा रहूँ, न साधु लौटे भूखा...नहीं तो, निकलो घर के बाहर, अब खुले में हो फैसला!

मनावन

रूस के जनि जा, मान जा राजा
ल पटउरा, ल बतासा, खाजा
अँइसे, महँगा त ई बड़ा बालम
बाकी सस्ता बा साव के बाचा...

रूठ कर मत जाओ राजा, मान जाओ। लो पटौरा, बतासा, खाजा...खा जाओ। वैसे तो बहुत महँगे हैं ये, लेकिन साहु का बच्चा सस्ता है।

ऑफर

देबऽ जा मुआवजा
त आवऽ जा, मुआवऽ जा
हेने बा करेजा
केने छुरिया? सटावऽ जा

दोगे मुआवजा हो लोगो, तो आओ हो लोगो, मुँआओ हो लोगो; इधर है कलेजा, किधर है छूरी?...सटाओ हो लोगो।

बड़ी हच-पच बा

सच होला कड़वा त ई न जानऽ बचवा
कि जवन-जवन कड़वा बा उहे-उहे सच बा
भूखे ना भजन करि पावे केहू-केहू जो त
केहू-केहू एहू से जे हूरले अपच बा
नखड़ा के अखड़ा बा बभना के अंगना
त डोमवो के डेरवा न कम ढरनच बा
बड़े-बड़े बतिया न खड़े-खड़े तानि द कि
तवनो में तनी नाहीं बड़ी हच-पच बा

सच कड़वा होता है बच्चू, तो यह न जानो कि जो-जो कड़वा है वही-वही सच है। भूखे नहीं भजन कर पाता कोई-कोई, तो कोई-कोई इसके चलते भी (नहीं कर पाता) कि ठूँस कर खाने के मारे अपच हो गया है। नखरों का अखाड़ा है (अगर) बाभन का आँगन तो डोम के डेरे भी (कोई) कम ढरनच नहीं है। (सो,) खड़े-खड़े मत तान दिया करो बड़ी-बड़ी बातें, उनमें भी थोड़ा (-मोड़ा) नहीं, बहुत (-बहुत) हच-पच है।

अनेसा

– गू-गँजास के छिलबिल प माकत
  माँस-मवाद के किचकिल कचारत
  नरको में रह गइले ठाढ़ के ठाढ़े...
– अहो, सुनले त रहलीं
  कि भरती सरकारी हस्पीटल में बाड़े
  कहीं...मर त ना गइले उदै पकास पाँड़े?

– गू-गँजास के छिलबिल पर खुशकुदान भरते हुए, मांस और मवाद के किचकिल को कचारते हुए नरक में भी रह गए खड़े के खड़े (गिर नहीं पड़े)...
– अजी, सुना तो था कि भर्ती हैं सरकारी हस्पताल में, कहीं मर तो नहीं गए उदय पकास पाँड़े?

सिखवन

कतनो तें जइबे गंगाजल नहा के, कहिहें ऊ कतहूँ से आइल दहा के।।
कहिहें कि अइले त काम सँपराव कुछ, जइहे जनि चलि कवनो सांगह लहा के।।
कहबे 'बेदाग', साथ साबुन के अपना, धइ दीहें 'हाट' तोर चादर तहा के।।
त भलहीं तें कतहूँ से अइहे दहा के, कहिहे कि अइलीं गंगाजल नहा के।।

कितना भी तू गंगाजल नहा के जाएगा, 'कहीं से बह-दह के आया है', यही वे कहेंगे। कहेंगे कि आ ही गया है (तू) तो कुछ काम निपटा दे, (और यह भी कि) चल मत देना, काम का कोई सामान उठाकर। तू यह कहेगा अगर कि बेदाग है मेरी चादर, तो उसे तहाकर अपने साबुन के साथ (साबुन के प्रचार में) हाट में रख आएँगे। तो भले तू कहीं से बह-दह के आए, कहना कि गंगाजल नहाकर आ रहा हूँ।

समझावन

सुनऽ-सुनऽ हो बहुरिया साँस ल, छोड़ऽ-छोड़ऽ अब ढेंकिया, जाँत ल।। काल्हु धरमू के धँगले धँगइलू, आजु जाते-पाँते अपना के बाँट ल।। मानऽ तानी ह पलानी तोर, होरहा...झोरऽ तानी, बलु तूहू तनी राख ल।। नाहीं सहले सहाय त ई छूट बा, चाहऽ जतना ले ततना ले काँख ल।। आहो लागेलू लुगरिए ओरिजनल, बलु आऊ दूगो पेवन ओ प साट ल।। साटऽ आँखे-ओठे नाके-काने सगरो, हऊ कुल के इजत, सब ढाँप ल।।

सुन, सुन री बहू! तनिक साँस ले ले,छोड़ दे ढेंकी, जाँत ले ले। कल धरम के धाँगे धँगाई तू, आज जात-पाँत में अपने को बाँट ले। मानता हूँ कि पलानी तेरी है, तो मैं जो होरहा झोल रहा हूँ इस पर, उसमें से तू भी थोड़ा-सा रख ले। न सहा जाय तुझसे तो छूट है तुझे, जितना चाहे उतना कराह ले। लुगरी में ही ओरिजनल लगती है तू, बल्कि दो पैबन्द और सटा ले उसमें। आँख-ओठ नाक-कान सब पर सटा ले, इज्जत है तू घर की, ढँक ले सब-का-सब।

अरे रे अरे

– जे भुँइए में बा, भय सेकरा का, कहीं गिरे-परे के, हिप हुरेरे हुरे...
  इहे 'हुरेरे हुरे' मन-चित में धरे...जहाँ चाहे बिहरें!
– बाकी, बा जे उपरे, कहीं गिर ना परे, मोरा कपरे पे, अरे अरेरे अरे...
  इहे 'अरे रे अरे' मन-चित में धरे...जहाँ चाहे बिहरें!

"जो भूमि पर ही है, उसे क्या भय, कहीं गिरने-पड़ने का, हिप हुरेरे हुरे...इसी 'हुरेरे हुरे' को मन में, चित्त में धारे हुए...जहाँ चाहे विहार करें!

"लेकिन, ऊपर जो है, कहीं गिर न पड़े वह, मेरे सिर पर ही, अरे अरेरे अरे...इसी 'अरेरे अरे' को मन में, चित्त में धारे हुए...बिहरें, जहाँ चाहे!"

ग्यान गम्हीरा

पीर प्रसूति के बाँझ न जाने
प्रसूती न जानेले बाँझ के पीरा
केहू के पीर कहाँ केहू जानेला
पीर से कौन परे रनधीरा
केहू के जाने न जाने, जो पीर के –
जाने, त जानऽ जे ग्यान गम्हीरा
केहू से केहू के जोरे के जाने ऊ
जानेला सीयन जानेला चीरा

प्रसूता की पीर को बाँझ नहीं जानती, प्रसूता नहीं जानती बाँझ की पीरा। किसी की पीर को कोई नहीं जानता और ऐसा कौन रणधीर जो परे हो पीर से! किसी को जाने या न जाने, पीर को जो जानता है, जान लो कि गंभीर है उसका ज्ञान। वह किसी को किसी से जोड़ना जानता है, वह सीयन जानता है और जानता है चीरा (भी)।

सवाल ई बा कि

हमरा गुमान-मान काथी के
अपना चीलर कि उनुका हाथी के?
भूख लागी त भजन गाइब ना
जाथी परिहें इयाद ताथी के?
अपना मुदइन के मुखालिफ कइले
खयाल रखिहें हमार साथी के?
मुँअब त कइसे ना रोइहें देखब
गाय-गोबर त हइन, पाथी के?
हमरा चीलर प चोख हो हो के
"हमार हाथी" कहेले "नाथी के?"

किस बात का मान-गुमान मुझे, अपने चीलर का कि उनके हाथी का? भूख लगेगी, तो कैसे नहीं भजन गाऊँगा, जो ही याद आएगा, उसका? मुझे अपने दुश्मनों के खिलाफ तो कर दिया उन्होंने, मेरे साथियों का खयाल वे रक्खेंगे क्या? देखूँगा कि मरूँगा मैं, तो कैसे नहीं वे रोएँगे, (क्योंकि) गाय और गोबर तो खैर, है उनके पास, कौन पाथेगा? मेरे चीलर के प्रति अपनी ताकत के फुर्तीले इस्तेमाल के साथ, वे पूछते हैं कि "मेरे हाथी को कौन नाथेगा?"

छोह

अँगुरी में हते-हते नोह
आ चलले गुदगुदावे...
ओह! ई नू कहाला छोह!

अँगुली में इत्ते बड्डे-बड्डे नोह, और चले गुदगुदाने, ओह! इसको न कहते हैं छोह!

प्रति, माई विंध्याचली

माई हऊ माई के लछन नाहीं तहरा
त तहरा से हमरा न पटरी न पटरा
सुखवा बटोरि लेलू दुखवा बँटाइ देलू
माई बड़ी बाउर लगाइ देलू बखरा
सब ठाट-बाट तोर बजर कपाट तोर
सोनवा के मुकुट मढ़ाइ लेलू कपरा
बड़हन नाक बाटे बड़े-बड़े आँख बाटे
सूँघेलू ना देखेलू ना उठेला बएखरा

माई हो तुम (लेकिन) माई के लच्छन नहीं तुम्हारे, तो तुमसे हमारी न पटरी न पटरा। सुख बटोर लिए तुमने, दुख बँटा दिए, बहुत बुरा बँटवारा किया तुमने यह। तुम्हें तो सब ठाट-बाट है, वज्र के कपाट हैं तुम्हारे और कपाल पर अपने सोने का मुकुट मढ़वा लिया है तुमने। बड़ी-सी नाक है तुम्हारी, बड़ी-बड़ी आँखें हैं, (लेकिन) न सूँघती हो (कुछ), न देखती हो, न ही कोई बेचैनी होती है तुम्हें!

जतरा

हमरा एगो आँख से राउर हतना
त राउर दूगो आँख से हमार कतना
बिगड़ जाई जतरा
ईहो बताईं ना पण्डित जी
पलटीं ना पतरा...

मेरी एक आँख से इतनी बिगड़ गई तुम्हारी, तो तुम्हारी दोनो आँखों से कितनी बिगड़ जाएगी मेरी, यात्रा, यह भी बता दो न पण्डित जी, पलटो न पत्रा...!

खट खट खट

– खट खट खट....।
– दुआरी प के बा?
– हम हईं चोर।
– पिछुआरी से आ जा।

"खट खट खट...।" "दरवाजे पर कौन है?" "मैं हूँ चोर।" "पिछवाड़े से आ जा।"

सलीका

पहिले से सुख-चैन तनिको ना नासत
बता के कि 'आइब' करेले ना साँसत
सराहीं सलीका सराहीं शराफत
कि कहिके ना आवें कबो कवनो आफत

पहले से सुख-चैन तनिक नहीं नाशते, (पहले से) बता कर कि 'आऊँगा' (किसी) साँसत में नहीं डालते, सराहिए इस सलीके को, इस शराफत को सराहिए, कि आफत जी कभी भी कह कर नहीं आते!

लोग

हम चोर ना रहीं ए माई
लोग बना देल
एक्के त अधिका कमा के
दुसरे, अछरंग लगा के

मैं चोर नहीं था, ओ माँ! लोगों ने बना दिया। एक तो अधिक कमा कर, दूसरे झूठ-मूठ दोष लगा कर।

ऑल इज वेल

तीन तिलक तेरह बरियात बा, कचे-बचे सबके इयाद बा।। नाच करे गइले हा सिपाही जी, डाकू जी से बाजा के करार बा।। सट्टा सामियाना के बा हिनिकर, ऊहो आई, हउहो तइयार बा।। दरोगा जी के बेटी के बियाह बा, सउँसे थाना थाम्हे में तबाह बा।। जेपर जइसन दाफा तइसन नेवता, जबरी? ना, एकर का सवाल बा।।

तीन को तिलक तेरह को बारात है, बच्चे-बच्चे को, सबको, यह याद है। नाच तय करने सिपाही जी गए हैं, बाजे के लिए डाकू जी से करार है। शामियाने के लिए सट्टा तो उस वाले से हुआ है (लेकिन), वह वाला भी आएगा (और), वह वाला भी तैयार है। दारोगा जी की बेटी की शादी है, सारा थाना उसे थामने में तबाह है। जिस पर जैसा दफा वैसा उसका न्योता, जबर्दस्ती? नहीं, इसका क्या सवाल है!

पहुना

खइब बऽ त का खइबऽ ए पहुना
आदर के सतुआ
कि हलुआ निरादर के?
आ त – हलुआ त हे हीत
दतुअन प, पचवन प सतुआ
रह गइल खाय के सवाल
त से त सोचाई नहइला के बाद

खाओगे तो क्या खाओगे हे पहुना, आदर का सतुआ कि हलवा निरादर का?

तो – हलवा तो हे हीतू, दतवन पर, पचवन पर सतुआ। रह गया खाने का सवाल, तो सो तो सोचा जाएगा नहाने के बाद।

॥ बेटी मरे त मरे कुँआर ॥

पछिला कहीं त पछिला, पहिला कहीं त पहिला, एगुड़े विषय दहेज के लेके
कुछ बात, कुछ बतकही के एह संग्रह से
कुछ, बतौर बानगी

बड़ा-बड़ा फेरा बा

बड़ा-बड़ा फेरा बा
भारी झमेला बा
तिलक त लेबे के मन नइखे समधी जी
दहेज के पेंच लगावे के सरधा
एकदम नइखे समधी जी
बाकी हई –

नाच ह बाजा ह, खजुली ह खाजा ह
साज ह समैना ह, बीजे ह बैना ह
गाँव ह जवार ह, गोदिया देयाद ह
हीत ह हितारथ ह, सभके सवारथ ह
हरिस ह कलसा ह, गउरी गनेसा ह
पूजा ह पतरा ह, देवतन के असरा ह
गहना ह गुरिया ह, पवनी पनहरिया ह
सूट ह साड़ी ह, डोली ह गाड़ी ह
कोंकड़वर ह बुकवा ह, बाभन ह नउआ ह
बुनिया ह पूड़ी ह, खइनी ह बीड़ी ह
सेनुर सिन्होरा ह, मउर ह मोन्हा ह

बड़े-बड़े फेरे हैं

बड़े-बड़े फेरे हैं, मारी झमेले हैं। तिलक तो लेने का मन नहीं समधी जी! दहेज का पेंच लगाने की श्रद्धा (साध) एकदम नहीं समधी जी! लेकिन यह जो नाच है, बाजा है; खजुली है, खाजा है; साज है, शामियाना है; भोज है, बायना है; गाँव है, जवार है; गोतिया हैं, दयाद हैं; हित हैं, उनके हितार्थ हैं, (उन) सबके स्वार्थ हैं; हरिस है, कलश है; गोरी हैं, गणेश हैं; पूजा है, पत्रा है; देवताओं की आशाएँ है; गहना-गुरिया है, पवनी-पनहरिया हैं; सूट है, साड़ी है; डोली है, गाड़ी है; कोंकड़वर है, बुकवा है; बाभन है, नउआ है; बुँदिया है, पूरी है; खैनी है, बींड़ी है; सिंदूर है, सिंधोरा है; मउर है, मोन्हा है...

आ अतने ले थोरे
जोराई ना जोरले
बियाह के बादो ले
जरलका के जेठ, भरलका के भादो ले –

बड़ा-बड़ा बीपत ह, नेवता बउरहँत ह
फगुआ ह तीज ह, कतना दो चीझ ह
मेमिन ह चमइन ह, छठी ह बरही ह
बर ह बेरामी ह, तूल ह तलामी ह

अब सुभ के मोका प ए सवाँग
लेबे के त ना लेब
पाँच गज मरकीन भा रंथी के नाँव
अब जेकर बेटिए चलि जाई
सेकर दुख कइले कहाई!

बाकिर ना होई गउदान सेजियादान
दसवाँ-सराध
त रउए कहीं
अपने छाती प ध के हाथ
कि होई बरदास?

और इतना ही थोड़े, जोड़ नहीं पाएँगे जोड़ते-जोड़ते, विवाह के बाद तक; जले के जेठ, भरे के भादो तक – बड़े-बड़े विपद हैं; न्योता है, बउरहँत है; फगुआ है, तीज है; कितनी तो चीज है; मेम है, दाई है; छठी है, बरही है; बर-बीमारी है, तूल-तलामी है... और शुभ के मौके पर, हे (मेरे) समांग! लेने को तो नहीं लूँगा पाँच गज मारकीन या रंथी का नाम, अब जिसकी बेटी ही चली जाएगी, उसका दुख क्या कहे से कहा जाएगा! लेकिन...लेकिन नहीं होगा गोदान, शय्यादान, दसवाँ, श्राद्ध; तो आप ही कहिए, अपनी ही छाती पर रखकर हाथ, कि होगा बर्दाश्त?

से, अतने सँकार ली
सभके निबाह लीं
आ तब्बो जे माँगीं हम कुच्छो
त दीं कागज
मोंछ के ठेप्पा दे के लिख दीं
कि कुत्ता करार दीं

आ हा लीं
चाह त ठंढाता
पीहीं...पीहीं ना,
पीहीं!

सो, इतना सँकार लीजिए। (यही) सब निबाह दीजिए। इसके बाद भी मैं माँगूँ कुछ, तो दीजिए कागज, मूँछ का ठप्पा देकर लिख दूँ कि (मुझे) कुत्ता करार दीजिए...
और यह लीजिए, चाय तो ठंढी हुई जा रही, पीजिए, पीजिए न, पीजिए!

नीसन लोटा

खाली खिया देब नीके तरी पाँच सै हजार के बरियात
हमरा दहेज के नइखे कवनो ताप
कहले बबुआ के बाप।

कहले चाचा जी कि जा जी
हम त खाली
एगो अठसेरही भँइस प राजी।

तब फुरमवले दुलहा के भइया
जोड़ा बैल ऊपर बीस हजार रुपइया।

दुलहा कहले कि कुच्छो ना
खाली एगो मोटर सैकिल

सहबाला के कहनाम कि ऊहो ना
खाली एगो बै-सैकिल।

ठन-ठन लोटा

(थोड़े परिवर्तन के साथ)

"खिला भर भी दोगे जो भलीभाँति, पाँच सौ-हजार की बारात, तो हमें तो दहेज की न चिंता, न चाह" बोले बबुआ के बाप।

बोले चाचाजी कि "जाओ जी, हम तो बस एक ही, भैंस अठसेरही पे राजी।'

दूल्हे के भइया की कथनी, "बैलों का सिर्फ एक जोड़ा और बीस ही हजार बस नगदी।"

दूल्हे ने कहा, "मुझे कुछ नहीं, केवल फटफटिया।"

"हमको तो वह भी न भाया", बोले सहबाला, "अदद एक सैकिल का दावा।"

जनानी कीता से आइल कहावा
सोरहो सभाखन, बतीसो अभरन
सँउसे पहिरावा
जवन रावा सवख सरधा
सेकरा अलावा

सभका के बाद में
कूँख के काँख के
खाँस के खँखार के
कहले अस्थिराह से
दुलहा के आजा
कि हे अगुआ बाचा
हमरा के दिवा दीहऽ
चानी के गुड़गूड़ी
एक्के से काम चला लेब
हम, हमार बूढ़ी

जनानखाने से आया कहावा, "सोलहो सिंगार के साजो-सामान सब, आभरन बतीसो, सारे पहनावे, आपकी जो श्रद्धा हो, शौक हों जितने भी, उनके अलावा।"

सब ही के बाद, कूँखकर-काँखकर, खाँसकर-खँखारकर, थाह-थाहकर हरेक बात, बोल पड़े दुल्हे के दद्दा कि "हे अगुआ बच्चा! हमको दिलवा देना चाँदी की गुड़गुड़ी, एकइ से काम चला लेंगे दोनो – हम, हमरी बूढ़ी!"

अगुआ जी क लेले पाइए-पाई करार
बलुक अपना देने से
बढ़िए चढ़के दस-पाँच हाथ
हप्ता भ चाभते रह गइले
ततले-ततले तर माल
दही-पापड़-घीव-अँचार...!

अठवाँ दिन, होत पराते
तीन सेर के फुलहा लोटा उठवले
आ मर-मैदान के बहाने बहरिअइले
त फेरू राम जनकपुर ना अइले
तिकवते रह गइले – आजा बाबू चाचा भइया गोतिया नइया!

"खाए पिए से बाँचल
नइहर के एके निसानी
नीसन लोटा"–
छाती मूक मार गिरली बबुआ के माई!
झोंटा प मूँड़ गिरल
मूँड़ी प झोंटा

"तीन सेर के लोटा रहे ए बाछी"–
तेरह खेंढ़ी उपरे से ढिमिला गइली चाची!

सारा कुछ अगुए ने कर लिया करार, अपनी तरफ से भी बढ़-चढ़ ही पाँच-दस हाथ। हप्ते भर चाभते ही रह गए ताजा तर माल। पापड़-पनीर-पटल-पूरी-पुलाव-दही-चटनी-अँचार। अठवें दिन, होते प्रात अगुआजी, लोटा ले, तीन सेर पक्के का, फुलहा, दिशा-मैदान के बहाने बहराए तो फिरकर फिर रामजू जनकपुर न आए। तकते ही रह गए– दादा/बापू/चाचा/भइया/गोतिया/गुँइया।

"खाने-चबाने से बची रही, नैहर की एक ही निशानी– ठन-ठन लोटा..."–धड़ाम गिरीं हा-हा खा बबुए की माई, झोंटे पर मूड़ गिरा, मूड़ी पर झोंटा।

"तीन सेर पक्के का लोटा था हाय राम!" तेरह ठो सीढ़ी से लुढ़क गईं चचीजान।

माथे हाथ हाथे गाल दे के
कहली भउजाई कि हाइ-रे-हाई
नतिया खाती भुँजिया चीरत-चलावत
अँगुरी पिरा गइल
आ निहतनिया के देखऽ भला
पानी सहित्ते लोटा ले के परा गइल!
बड़ा मउगाह रहे
हमरा देने देख के
कनखिए के भरे चवनिया मुस्कात रहे
हमरा त तखनिए कुछ अड़गुड़ बुझात रहे!

"उठवले उठत ना रहे जवन लोटा
तवना के ले भागल अगुअवा निगोड़ा"
–कहली बबुआ के आजी–
"बइया-समवना इमदी रहे कि हाथी!"

माथे पर हाथ, हाथ पर धर कर गाल, बोलीं भउजाई कि "हाइ-रे-हाई, नतिया की खातिर में चीरने-चलाने में भुँजिया, पिरा गई सारी-की-सारी अँगुलियाँ, पर देखो तो मुँए नासपिटे को, पानी सहित्ते ही लोटा ले परा गया अगुआ अगलगुआ निस्तनिया! मउगा था, भारी घरघुसरा। हमको तो ताककर कनखिया, मुस्की चवनिया मुसकाता था, हमको तो तब्बे कुछ गड़बड़ बुझाता था..."

"उठाए उठता नहीं था जो लोटा, उसको भी ले भागा अगुआ निगोड़ा", बोलीं दादी, "आदमी था, बइया-समवना कि हाथी?"

हाथी?
आहि,
हाथी त अगुअवा से मँगइबे ना कइल!
धाव ऽ...धाव ऽ...बबुआ बेपेनी...
ढेर नइखे भइल अभी देरी
दस कोस से अधिका त ना होई गइल!
छुट्‌टा थोड़े न बाड़े ऊ सार
कि फर-फर निकल पइहें
साथे बा नीसन ऊ लोटा तिनसेरी
पानी सहित्ते त पक्का पसेरी!

"हाथी? हाथी तो हाय राम, बिसर गया। किसी ने न माँगा और मौका भी निकल गया! अब से भी दौड़ो हो बबुआ बेपेंदी...बहुत नहीं हुई अभी तेरी...दसी कोस गया होगा बेसी-से-बेसी...छुट्टा है थोड़े जो भागेगा दन-दन...ठन-ठन है लोटा तिनसेरी, पानी सहित्ते तो पक्का पसेरी...!"

का खा के रउआ के पाइब जी!

चउकठ के बहरिए से भिखार
हाथ पसार, दाँत चियार
लगवलस हाँक बरियार–
"एक मुट्ठी मिल जाए सरकार...!"

भितरे
गँवे केहू से कहत रहन घर के मलिकार–
"लाख के नीचे ना पहिआई ई बियाह के बवाल
फिरीज टीवी त चाहीं उपरवार
होखे सावँग त क लीं करार
ना त जाईं, रहता नापीं, हमरा कवन दरकार!"

क्या खाकर आपको पाऊँगा

चौखट के बाहर ही से भिखमंगे ने हाथ पसार कर, दाँत चियार कर जोर की हाँक लगाई – एक मुट्ठी मिल जाए सरकार...!

भीतर, धीरे से कह रहे थे किसी से, घर के मालिक, कि लाख के नीचे नहीं पार लगेगा विवाह का यह बवाल, फ्रीज-टीवी तो इसके ऊपर से चाहिए, सामर्थ्य हो तो करार कीजिए, नहीं तो जाइए, रास्ता नापिए, मेरी क्या गरज!

सुन के, काहे दो भिखरा लजा गइल
अपने में समेटा गइल
कहऽ भला, एगो हम बानीं साला
छछनींला, खखनींला, हहरींला त माँगींला
आ एगो ई बा साला
माँगतो बा, उतरातो बा, गुरनातो बा, बघुआतो बा!
ईहे नू कहाला
अनपढ़ गँवार
आ पढ़ल-लिखल समुझदार!
आछा, रहऽ रहऽ
भइल नू होस
जाग गइल जोस–
"अरे स्साला एह बिल्डांग वाला
सुनाता कि ना...?
ले आव नगद आठ आना
खिआव हमरा के
आ बान्ह दे मउगी खाती छाना
नाज दे बीन-चुन के एक कटोरा
नन्हका खाती लकठो दे एक खदोना...।"

सुनकर काहे तो भिखारी लजा गया, सिमट गया अपने में, कहो भला, एक मैं हूँ साला कि छछनता हूँ, खखनता हूँ, हहरता हूँ, तो माँगता हूँ और एक यह है साला, कि माँग भी रहा है, इतरा भी रहा है, गुर्ना भी रहा है, बघुआ भी रहा है! इसी को न कहते हैं अनपढ़ गँवार और पढ़ा-लिखा समझदार! अच्छा, रहो-रहो आखिर हुआ न (मुझको भी) होश!

(और फिर उसका) जोश जाग गया – अरे स्साले इस बिल्डांग वाले, सुन रहा है कि नहीं...ले आ नगद आठ आना, खिला मुझे और मेरी बीबी के लिए बाँध दे भोजन, बीन-चुनकर अनाज दे एक कटोरा और (मेरे) नन्हका के लिए लकठो दे एक खदोना...

सुनके, लाल-लाल आँख कइले
फुनुर-फुनुर नाक कइले
धावल आइल मलिकवा के पूता
धरवलस सट्-सट् पाँच जूता

भिखरा के नीन टूटल
कसहूँ-कसहूँ छूटल
दूनों हाथ जूटल
मुँह से अँटक-अँटक के बोल फूटल–

"सरकार, सलामत रहे राउर कोठी
राउर फाटक
ई नकली भिखार
ना करे पावल
असली के नाटक
एह बूढ़ बलाय के जनि दीं धाका
बनल रहे राउर इलाका
रउआ माँगल करीं
घर में बोला-बोला के
हमहूँ माँगब
दुआरे-दुआरे पोंछ डोला-डोला के
का खा के रउआ के पाइब जी
रउआ मलिकारे
हम भिखारे कहाइब जी!"

सुनकर लाल-लाल आँख किए, फनफनाती नाक लिए, दौड़ता हुआ आया (घर के) मालिक का बेटा, सट्ट-सट्ट पाँच जूते लगाए उसने...

भिखमँगते की नींद टूटी। किसी-किसी तरह (गिरफ्त से) छूटा, उसके दोनो हाथ जुटे और मुँह से अँटक-अँटक कर बोल फूटे, "सरकार, सलामत रहे आपकी कोठी आपका फाटक, यह नकली भिखमंगा नहीं करने पाया असली का नाटक, इस (मुझ) बूढ़ी बला को मत दीजिए धक्का, बना रहे आपका इलाका, आप माँगा कीजिए घर में बुला-बुलाकर, मैं भी माँगूगा, (लेकिन) दरवाजे-दरवाजे पूँछ डुला-डुलाकर, क्या खाकर आपको (आपकी बराबरी को) पाऊँगा, आप मालिक ही कहाएँगे मैं भिखमंगा ही कहाऊँगा!

बबुआ बरहगुना के माई

जी ना
ना जी, ना
ई कवनो माने मतलब ह का
कि दहेज लिआई
खाली ए से जे बेटा ह जनमाई
आ दिआई
खाली ए से जे बेटी ह जनमाई?
छी छी छी
मरद जात खाती ई
चुरुआ भ पानी में
डूब मरे के बात बा जी!
भरसक नइखे निकलत
जनानिन के जलूस
रजधानी में
जानीं जे
किसिम-किसिम के पढ़ींले एकबार
पतोहन के जर के मरलो के जानींले हवाल
पुलिस के बवाल
समाज से मेहरारुन के सवाल...
से सुनीं

बबुआ बरहगुना की माई

जी नहीं। नहीं जी, नहीं। यह कोई माने-मतलब है क्या कि दहेज लिया जाएगा, सिर्फ इसलिए कि जो जन्मा है (जिसे जन्माया है) वह बेटा है, और दिया जाएगा (दहेज) सिर्फ इसलिए कि जो जन्मी है (जिसे जन्माया है) वह बेटी है! छी छी छी! मर्द जाति के लिए यह चुल्लू भर पानी में डूब मरने की बात है जी। भरसक नहीं निकल रहे हैं जनानियों के जुलूस राजधानी में...जान जाइए कि किस्म-किस्म के अखबार (मैं) पढ़ता हूँ, बहुओं के जलकर मरने के हाल (समाचार) भी जानता हूँ, और फिर (थाना-पुलिस) का बवाल, समाज से औरतों के सवाल...

हतेया जनि लगाईं
हमरा से रावा दहेज के बात जनि बतिआईं
कुल के बतिआईं, खन्दान के बतिआईं
हिन्दुस्तान के बतिआईं, पकिस्तान के बतिआईं
बाकी ओ कुल्ह खाती
जनानी कीता में चलि जाईं
हमरा, बेचारा मरद जात के
एह कुल्ह में जनि फँसाईं...

केंवाड़ी के अलोता
मुँह में ठुँसाय भ ठूँस के लूगा के कोना
बइठल होइहें बबुआ बरहगुना के माई
जाईं जाईं
जनि धकबकाईं
नया जबाना आइल भाई
अब केहू कहिया ले जनाना के घर में लुकाई!
निफिक्किर हो के जाईं
एह दहेज-दँइत के दंगल
उनुके से फरिआईं
हमरा, बेचारा मरद जात के
महकल एह मइला के मोरी में
जनि मलिआईं

सो, सुनिए, हत्या मत लगाइए, मुझसे आप दहेज की बात मत बतिआइए, कुल की (बात) बतिआइए, खान्दान की बतिआइए, हिन्दुस्तान की बतिआइए, पाकिस्तान की बतिआइए, लेकिन उस सब (दहेज की बातों) के लिए जनानी कित्ता में चले जाइए, मुझ बेचारी मर्दजाति को इस सब में मत फँसाइए।

किवाड़ की ओट में, मुँह में लुग्गे का कोना, ठुँसाने भर ठूँस कर, बैठी होंगी बबुआ बरहगुना की माई...जाइए-जाइए, धकबकाइए मत, नया जमाना आ गया है भाई, अब कोई कब तक जनाना को घर में लुकवाएगा! निफिक्र होकर जाइए, इस दहेज-दैत्य के दंगल को उन्हीं से फरियाइए, मुझ बेचारी मर्दजाति को इस मैले की गँधाती हुई मोरी में मत मलिआइए...।

मुलुर-मुलुर तिकईं जनि, जाईं
आ हाली ओने से आईं
त हम रावा के परदा सिस्टम के हिस्ट्री सुनाईं
कतना बाउर ह ई चीझ
खुलासा समझाईं!

मुलुर-मुलुर ताकिए मत, जाइए, और जल्दी उधर से आइए तो मैं आपको पर्दा-सिस्टम की हिस्ट्री सुनाऊँ, कितनी खराब है यह चीज, खुलासा समझाऊँ!

अबकी जवन जनमी नन्हकवा

– तें कवना दुखे ताड़ी पियत बाड़े रे?
– पसिया के लबनी उतरला के, आ तें?
– तड़िखाना में अइला के।
– आ तू हो दुआरी लाल?
– करजा ले के बेटी के दहेज देला के।
– आ तू हो घरुआरी लाल?
– फोकट में बेटा के मरेज कइला के।

अबकी जो जनमेगा नन्हका

तू किस दुख से ताड़ी पी रहा है? पासी के लबनी उतारने के, और तू? ताड़ीखाने में आने के। और तुम हो दुआरी लाल? कर्जा लेकर बेटी का दहेज देने के। और तुम हो घरुआरी लाल? फोकट में ही बेटे के मैरेज कर लेने के।

पिए के त सभे पियल ताड़ी
फरके-फरके
बाकी दुआरी-घरुआरी
संगे-संगे
एक्के दोना में
ई संघाती उनुका रोना के
ऊ संघाती इनिका रोना के

दूनो जाना के गोंछ ताड़ी में भींजल
लोरे-अदहन सींझल
आ नीचे हो गइल
आज पसिनियो के मन
दू लबनी घींचे-घींचे हो गइल–

पीने को सबने पी ताड़ी, अलग-अलग, लेकिन दुआरी और घरुआरी लाल ने एकही संग, एक ही दोने में। ये संघाती उनके रोने के, वे संघाती इनके रोने के। दोनों की मूँछें ताड़ी में भींगीं, आँसुओं के अदहन में सींझीं और नीचे हो गईं, आज पासिन का मन भी दो लबनी खींचने-खींचने को हो आया।

"ईहे लगन लागल रह गइल
एही तरी भाग जागल रह गइल
गाहक प गाहक के टाल लागल रह गइल
त अबकी जवन जनमी नन्हकवा
सात गो बेटिन प से
बेटा चउथका
त कइ के करेजा कड़ेर
पढ़ा देब ओकरा के
इसकूल से कवलेज
कोना में पियत होई पँड़उआ के पूत
अरे मछिझोंकना भतरा
जा के तनी पूछ
कि कवलेजिहा दुलहा के
कै फेंड़ तरकुल कीने भ
मिलेला दहेज?"

"(लोगों को पीने की) यही लगन लगी रही, इसी तरह हमारे भाग्य जगे रह गए, ग्राहकों पर गाहकों की भीड़ लगी रह गई जो अबकी जो नन्हका जनमेगा, सात बेटियों पर से चौथा बेटा, उसे, कलेजा कड़ा करके पढ़ा दूँगी स्कूल से कॉलेज तक...! कोने में पी रहा होगा पंडितवा का पूत, अबे मक्खियाँ मारता रहने वाला मेरा भरतार, जाकर तनिक पूछ उससे कि कॉलेजिहा दूल्हे को कितने पेड़ ताड़ खरीदने भर मिलता है दहेज!"

डाकू डहेण्डल सिंघ

“देखीं मूँड़ी मत झाँटीं
जवन भेंटत बा
चुपचाप पाटिक में डालीं
आ बोलाईं पण्डित फटाक से
बइठाईं गनना दनाक दे
रास के नाम से ना बने त पुकार से
ओकरो से ना चले काम
त हाली ध दीं कवनो बइठउआ नाम
ना त...
ना त अबहीं चीन्हत नइखीं रउआ हमरा के
हमरे नाँव ह डाकू डहेण्डल सिंघ
रावा दाया से!
अबहिंयो जे छान-पगहा तुराइब
बेंट भ के बबुना से
रिजल्लभ बंक भँजाइब
त लइका राम के उठवा के
जंगल में चहुँपवा के
बियाह-सियाह करवा के
कोहबर-खोहघर पढ़वा के
डोली में ओकरे-तोहरे कान्हा लगवा के...”

डाकू डहेण्डल सिंह

“देखिए, मुण्डी मत झटकिए, जो मिल रहा है उसे जेब में डालिए और फटाक से बुलाइए पण्डित को, दनाक से गणना बैठाइए, राशि के नाम से न बने तो पुकार के नाम से, उससे भी न चले काम तो जल्दी से रख दीजिए, गणना जिससे बैठे, वैसा कोई बैठउआ नाम, नहीं तो...अभी पहचान नहीं रहे आप मुझको, मेरा ही नाम है डाकू डहेण्डल सिंह आपकी दया से! अब भी अगर छान-पगहा तुड़ाइएगा, अपने बेंट भर के बेटे से रिजर्व बैंक भँजाइएगा तो आपके पुत्रराम को उठाकर, जंगल में पहुँचा कर, शादी-वादी करवाकर, कोहबर-वोहबर पढ़वाकर, डोली में उसी से और तुम्हीं से कंधे लगवाकर...”

अतना सुनते
हमहूँ खिसिया गइलीं लुब्ब से
कहलीं टुप्प से
कि सुनीं जी,
डाकू होइब रावा अपना घर के
एजुगी त समधी बानीं हमार
हमरा घर में
मूँड़ी हम काहे के जे झाँटीं
ऊ त कँपकँपी के हउए बेरामी
उखड़ि जाला कबहीं-कबहीं
अइन कवनो खुसिए के मोका प – साला, हरामी!
ही ही ही ही
रउरा के ना जी
हम त अपना बेरमिया के दिहनी हा गारी!
से हँइसे हमरा के जनि धिराईं
हँइसे हमरा प जनि गरमाईं
ना त...
ना त...

इतना सुनते ही, लुब से खिसिया गया मैं भी और टुप से कहा कि सुनिए जी, डाकू होइएगा आप अपने घर के, यहाँ, मेरे घर में तो आप मेरे समधी हैं। मुण्डी भला क्यों मैं झटकूँ, वह तो कँपकँपी का रोग है मुझे, उखड़ जाता है कभी-कभी, (अक्सर तो) ऐन किसी खुशी के मौके पर ही, साला, हरामी...ही ही ही ही, आपको नहीं, गाली तो मैंने अपने रोग को दी...सो, यों धमकी न दीजिए मुझे, ऐसे गरमाइए मत मुझ पर, नहीं तो...नहीं तो...

ओकरा महमण्ड में कुछ ना अमाइल
ससुरा डाकू के जात
अपना जाने में त
पुछबे ले कइलस एगो बात
हमरा जाने में टेंढ़ुसइलो से जादे टेंढ़ुसाइल–
"ना त का?
ना त, करब का रावा?"

कहलीं कि ना त रो देब
आऊ का भाया!

अबगे ओकरा बुझाइल
कि ओकर रिसिआइल
रंग लेके आइल
हँकड़ के कहलस– "हमार हीत हो के
हमरा जियत जिनगी में
रउआ रहब रो के?
कहीं, कवन बा राउर दुस्मन
कवना के लूट लीं एही छन?"

उसके माथे में कुछ नहीं समाया, ससुरा डाकू की जाति, अपने जानते तो पूछी भर उसने एक बात, लेकिन मेरे जानते टेढ़ियाने से भी ज्यादा टेढ़ियाकर बोला कि "नहीं तो क्या, क्या कर लेंगे आप मेरा?"

तो मैंने कहा कि नहीं तो रो दूँगा, और क्या भाया!

अब जाकर उसकी समझ में आया कि उसका खिसियाना रंग लेकर आया। हँकड़ कर बोला कि मेरे संबंधी होकर, मेरे जीते जी आप रो के रहेंगे? कहिए, कौन है आपका दुश्मन, किसको लूट लूँ इसी क्षण?

हम बता देलीं
कि बा एगो दुसमन सैतान
ह त पटिदारे बदमास
बाकी चर-चर कित्ता केस में
कइले बा सरवा हलकान
ओकरो एगो बेटा हइस सुन्नर-सुभेख
माँगत बा ससुरा
बीस हजार दहेज
रउआ होखे एगो अउरू बेटी
त चाँप दीं ओहू साला के नरेटी
पार लगा दीं ओहू के, एही माँड़े-भाते
फलनवाँ नाव ह साले के!

चिहा के पुछलस डहेण्डला–
"फलनवाँ?
अरे ऊहे त ना
जिनिकर बेटा हवे – चिलनवाँ?
हम त अगते
उनुके किहें गइनी हा
बड़की छँउड़ी के बियाह
उनुके छौंड़ा से तै-तापर कइनी हा
ऊहे त भेजले हा, हमरा के
रावा किहें!"

मैंने बता दिया, कि है एक दुश्मन शैतान, है तो मेरा पट्टीदार ही वह बदमाश, लेकिन चार-चार कित्ता केस में उसने मुझे हलकान कर रखा है। उसे भी एक बेटा है; सुन्दर, सुवेश। ससुर वह बीस हजार दहेज माँग रहा है। आपको एक और अगर बेटी हो तो उस साले की नरेटी भी चाँप दीजिए, इसी मँड़वान-भतवान में उसकी शादी भी पार लगा दीजिए...फलाँ नाम है उस साले का...

चौंक कर पूछा डहेण्डला ने कि फलाँ? अरे वही तो नहीं जिसका बेटा है चिलाँ? मैं तो पहले उसी के यहाँ गया। अपनी बड़ी बेटी की शादी उसी के बेटे से तय की। उसी ने तो भेजा मुझे आपके यहाँ...।

–"अर्रे!
ऊहे?
फलनवे?
ओकरे किहें?
चिलनवे से?
कतना दे के?"
– "जवन रउरा के दिहलीं ह
उनुको के दिहलीं ह ऊहे
एक दुअन्नी
न ओन्ने, न एन्ने।"
–"त हमरा के दे दीहीं अब्बे, ततकाल
अधुर्रा ना, पुर्रा चवन्नी
ना त ना होखे पाई बियाह
पहिलहीं चेता देत बानीं
चाहे बेटा के भगा ले जाईं
चाहे उठा ले जाईं
आ उठा कइसे ले जाइब जी?
ओकरा अगतहीं माहुर ना चटा देब हम ललना के
कि बिना बाँस के
बँसुरिए ना बाजे पाई!
आधा मरिहें हमार लाल
त आधा त, रउरे, निज के, खासमखास दमाद!"

अरे! उसी ने? फलाँ ने ही? उसी के यहाँ तय हुई है शादी? चिलाँ से ही? कितना (दहेज) देकर?

जो आपको दिया है, उनको भी वही दिया, एक दुअन्नी, न इधर न उधर।

तो मुझे दे दीजिए, अभी के अभी, तत्काल, अधूरी नहीं पूरी चवन्नी। नहीं तो नहीं होगी शादी। पहले ही चेतावनी दिए दे रहा हूँ। चाहे बेटे को उठा ले जाइए, चाहे भगा ले जाइए। और उठा कैसे ले जाइएगा जी, उसके पहले ही मैं अपने बेटे को जहर नहीं चटा दूँगा? कि न रहे बाँस न बजे बाँसुरी! इसमें आधा अगर मेरा बेटा मरेगा, तो आधा तो आपके निज का खासमखास अपना दामाद भी तो मरेगा!

देख के हमार ई रोख
ना कहे ना सुने जोग
अइसन ना डर अमाँ गइल
डहेण्डला के मन में
कि निकाल के चवन्नी
ध देलस हमरा हाथ प दन्न दे।

हमहूँ ईमान से लेनीं काम
पहिले के लेल दुअन्नी
ओकरा पाकिट में देनीं डाल
कि लीं, पी लेब बींड़ी राह-बाट
आछा त परनाम!

यह (भयानक), न कहने न सुनने में समाय ऐसा रुख मेरा देखकर, ऐसा न डर समा गया डहेण्डला के मन में कि दन्न से चवन्नी निकाल कर मेरी हथेली पर रख दी। मैंने भी ईमान से लिया काम, पहले की ली हुई दुअन्नी उसकी जेब में डाल दी कि लीजिए रास्ते में बीड़ी पी लीजिएगा, अच्छा तो प्रणाम!

तल्ले
सुन के दुआर प हल्ला
घर से निकल के अइले हमर लल्ला
कइले कि बप्पा
केकरा से भेल हा झगड़ा
ले आईं का लोहसार से कीन के भल्ला?
कि जाईं बँसवारी
काटीं डण्टा?

डँटनी कि चुपकर
ओढ़नी नइखे गर
त माथा प गौंछी घर
आ इहाँ के तोर डरेक्ट ससुर लागब
परनाम कर!

तब तक, दरवाजे पर हल्ला सुनकर मेरा लल्ला घर से निकला, बोला कि बप्पा, किससे झगड़ा हुआ? ले आऊँ क्या लोहसार से भाला खरीदकर? कि जाऊँ बँसवारी, काट लाऊँ डण्डा?

मैंने उसे डाँटा कि चुप कर। ओढ़नी अगर नहीं है, तो अपने गमछे को माथे पर रख और ये तुम्हारे डाइरेक्ट ससुर लगेंगे, इन्हें प्रणाम कर।

कुछ अउरू...

॥ एक ॥

“सुनऽ तानी जी अगुआ जी!
पास हो जइहें मैटरिक के इन्तिहान
बबुआ जी
त आजुए क लीं तै-तापर
कि सैकिल हम माँगब
कवलेज करे जइहें।”

“आ जे रामजी के दाया से
हलुमान जी के माया से
फेल हो जइहें राउर ललना
तब त ना नू लगाइब ई लकठा?”

“तब सैकिल त मिनहा करवा देब
रउआ बस एगो रेकसा किनवा देब
जीहें-खइहें!”

॥ एक ॥

सुन रहे हैं जी अगुआ जी, पास हो जाएँगे मैट्रिक का इम्तहान, (मेरे) बबुआ जी, तो आज ही कर लीजिए तय, कि साइकिल मैं माँगूँगा, (उसी से बबुआ जी) कॉलेज करने जाएँगे।

और अगर राम जी की दया से, हनुमान जी की माया से, फेल हो जाएँगे आपके लल्ला, तब तो नहीं न लगाइएगा यह पेंच?

तब साइकिल तो मिनहा करवा दूँगा, आप बस एक रिक्शा खरिदवा दीजिएगा, (उसी से बबुआ जी) जीए-खाएँगे।

॥ दू ॥

बेटा के बियाह में ना माँगब सँपर के
त बेटी के बियाह में देब कहसे कहँर के!

॥ तीन ॥

"सुनीं, मत माँगीं दहेज
मँगला से हाथ नीचे हो जाला जी!"
"रउआ फिकिरिआईं जनि
हम उपरे से उठा लेब लाला जी!

॥ चार ॥

कइसे ओरिआई ई दहेज?
आतऽ – लेत-लेत!

॥ पाँच ॥

हम त थुकनी दहेज के चाल प
ना जनलीं, परि जाई अपनन के गाल प!

॥ दो ॥
बेटे के विवाह में, माँगूँगा नहीं सँपर कर तो बेटी के विवाह में दूँगा कैसे कहँर कर!

॥ तीन ॥
"सुनिए, मत माँगिए दहेज, माँगने से हाथ नीचे हो जाता जी।"
"जी, फिकर मत करिए, हम ऊपर से उठा लेंगे लाला जी!"

॥ चार ॥
कैसे ओरिआएगा (ओर लगेगा, मिटेगा) यह दहेज? तो क्या तो कि 'लेते-लेते'!

॥ पाँच ॥
मैने तो थूका दहेज की चाल पर, नहीं जाना कि पड़ जाएगा अपनों के गाल पर।

॥ छौ ॥

धिया धीरे धर पाँव
धिया धीरे धर
तोर बाबूजी बइठल ठहऽर पर
कहीं आवे ना उनुका नजऽर तर
कवने काबू में करबे उमऽर पर
धिया धीरे धर पाँव
धिया धीरे धर
कहीं गरगट ना होखे कवऽर हर
धिया धीरे धर पाँव
धिया धीरे धर

॥ सात ॥

दहेज प अतना पितपिताइल बाड़ऽ काहे
तहरा खाली बेटिए बाड़ी स का ए उदै पाँड़े?

॥ छः ॥
धिया, धीरे धर पाँव, धिया धीरे धर। तेरे बाबूजी बैठे हैं ठहर पर। कहीं उनकी नजर तर न आ जाए, कौन (कैसे) काबू तू करेगी अपनी उमर पर! धिया, धीरे धर पाँव, धिया धीरे धर। कहीं गरगट न हो जाए (अँटकने न लगे, उन्हें उनका) हर कौर...धिया, धीरे धर पाँव, धिया धीरे धर!

॥ सात ॥
दहेज पर इतना पितपिताए हो काहे, केवल बेटियाँ ही हैं क्या तुम्हें, ऐं उदै पाँड़े?

॥ जुगलबन्दी ॥

अगिला संग्रह से कुछ, बतौर बानगी
हिन्दी भोजपुरी में, भोजपुरी हिन्दी में

(एक मुश्त ख़ाक हैं, मगर आँधी के साथ हैं)

रमाकांत द्विवेदी 'रमता'

हमार सुनी
(काहे फरके फरके बानीं रउरो आईं जी...)

क्यों अलग-अलग हैं आप, आप भी आएँ
हमरी सुनिए, कुछ अपनी आप सुनाएँ

हमने कब नहीं लगाई हैं आवाजें
पर खुले नहीं रावरे कभी दरवाजे
कोई तो कारन है, आएँ समझाएँ

जी, हम जिन फेरों में हैं घिरे घनेरों
उन ही फेरों में घिरे आप भी ढेरों
मिलजुल बाहर आने की जुगत लगाएँ

सोचिए राज कैसा है कैसा राजा
आपो को कुछ तो होगा ही अंदाजा
कब तक दुहाइयाँ इनकी हम दुहराएँ

इतनी साँसत अब ही, आगे क्या होगा
क्या-क्या भोगेंगे बेटे-नाती-पोता
कुछ गौर आप भी तो इस पर फरमाएँ

अब अलग-अलग रहना क्या, संग-संग सहना
बचने के सब उपाय संग-ही-संग करना
सब आय गए, आपो आएँ, आ जाएँ
भाई हैं, संग रहें, सँग रोएँ–गाएँ

ज्ञानेन्द्रपति

वे दो दाँत – तनिक बड़े
(सदैव दुनिया को निहारते एक उजली उत्सुकता से...)

ऊ दूगो दाँत – तनी बड़
जउँआ सहोदर अस
अन्दर ना, सुन्दर
सँउसे चनरमा अस सोगहग
कि जिन्हनी के मूँदल चाहेला हमेशा
होंठन के बदरकेंवाड़
आ मूँद ना पावे कबहुँओ समूचा
हँसी के देलन स ऊजर ऊ आभा
देलन स मुसुकी के लाज गुलाबी
लाज के टटका सुघराई

ऊ कालिदास के शिखरिदशना श्यामा त ना हई
अलकापुरीवासिनी
बाकिर हँ, हई गाढ़ साँवर
गली पिपलानी कटरा के मंजु श्रीवास्तव
माँझिल धिया, हेडक्लर्क वाई. एन. श्रीवास्तव के
जेकर इकलौता चिन्हासी– ना, मैट्रिकुलेशन के
प्रमाण-पत्र ना
ना होम साइन्स के डिप्लोमा
ना सीयल-पिरोवल, न काढ़ल-उकेरल
ना गावल गजल ना पराँचल उपन्यास
ऊ कुल्ह कुच्छो ना
बस ऊ दूगो दाँत – तनी बड़

निहारत जगत के ऊजर उत्सुकाही से हरदम
धोआत दीठ-बरखे – सकुच-साथ
दीठ, कि दुष्टो जो होखे त हो जाए–
कौतुक में निर्मल – पहुँचि पास

ऊ दूगो दाँत – तनी बड़
डेंटिस्ट के ना, एगो चिन्ता के रेती से जालन स रेतल
एकन्ता में, ऐनक में
चोर-नजरि अपने के अपने निरेखल करेलन स
बाड़न स सोचत-विचारत
कि जड़ि देल बाड़न स ऊ एगो साँवर चेहरा पर
कि बाड़न स खाढ़
छोटकी बहिन के बियाह-राह बीचे
कि हउअन स काँट, कील हउअन स, गोरखुल
आ चाहत ऊ बाड़न स
दूध बनि बहि गइल बुतरुन के कंठनलिकन में
पिघलि गइल चाहत ऊ बाड़न स
सुतले सुतल छत पर तरइन के चुंबन में
राति के डुबाँव पानी में डूबल
ऊ दूगो दाँत तनी बड़ – बढ़ल बँहियन नियन दूगो
धरती मतिन – प्रेम से आ पीर से
फटत छाती वाला
दीर्हदंत जवना बराहावतार के तकत राह बाड़न स
कब ऊ उबारनहार अइहें
गली पिपलानी कटरा के मकान नम्बर एकहत्तर में
शहर के बोर्ड-होर्डिंगन से पटल
पटल पोस्टर विज्ञापनन से
भूल भुलइया राहन, बाझल चौराहन आ
सुघराई के सब-सब चालू कसौटिन के लाँघत
अँइहे न?
कबहीं त!

अरुण कमल

धार

(सारा लोहा उन लोगों का, अपनी केवल धार...)

के बाँचल बा जेकरा आगा
ना कइलीं हम हाथ-पसारा

ई अन्जा जे बदलि खून में
टहरत देहिया ढूकि के
ई कमीज जे ढाल बनल बा
बरखा जाड़ा लूक में
सब उधार के, माँगल-चाहल
नून-तेल भा हर्दी-हींग
सब कर्जा के, बन्हकी बा ई –
तन, रोंआ-रोंआ प रीन

आपन का बा ए जिनिगी में
सब त लिहल उधार
सगरी लोहा ओ लोगन के
आपन खलिसा धार

केदारनाथ सिंह

शहर में रात
(वे क्यों भागे जाते हैं जिनके घर हैं...)

बिजुरी चमकल, पानी गिरला के डर बा
काहे भागल जाले जा जिनिका घर बा
काहे चुप बाड़े जिनके आवे भाषा
ऊ का ह जे लउकत बा धुँआ-धुँआसा
ऊ हरियर-हरियर का ह जेकरा आगा
अझुराइल बा जिनगी के सगरी धागा
ई शहर, साध के बसगित बा जवना में
कुत्ता भुनगा मनई रुखिया गइया के
ई शहर कि जवना के जिद खाली अतने
सुविधा सुख आजादी – मिल जाए जतने
तू देखिहऽ कबहूँ एह के सुनुगत छन में
ई अलग-अलग लउकेला हर दरपन में
अब रात भइल ए संगी, हम जाईंला
एह अइला-गइला के वेतन पाईंला
जब आँख लगे तब सुनिहऽ धीरे-धीरे
कवने गौं रतिया भर बाजे जंजीरे

माखनलाल चतुर्वेदी

पुष्प की अभिलाषा
(जिस पथ जाएँ वीर अनेक...)

चाहीं नाहीं कवनो अपसरा के गहने
गुँथाईं मोरे भाई
चाहीं नाहीं सँवरू के गरे परि
गोरिया के मन ललचाईं
चाहीं नाहीं रजवन के टिकठी प सजि के
मसाने चहुँपाईं
चाहीं नाहीं देवतन के माथे चढ़ि
भाग के बखानीं इतराईं

हमरा के तूरि लीहऽ एहो बनमाली!
ओही रहिया प दीहऽ तूँ हो फेंक
भूँइ रे मातरि पर मथवा चढ़ावे
जेही राहे जइहें बिरन अनेक...

सूर्यकान्त त्रिपाठी 'निराला'

बाँधो न नाव इस ठाँव
(वह हँसी बहुत कुछ कहती थी...)

बान्हऽ जनि नइया एही ठँइया भइया
पूछि-पूछि भरी सँउसे गँइया भइया

एही घाटे हँसि के, नहात रही धँसि के
अँखिया अँटकि रहि जात रहे फँसि के
सिहकि-सिहकि जाए पँइया भइया

हँसिया में बतिया में बतिया गुँथल रहे
तवनो प अपने में अपने बुड़ल रहे
सबके सुनत रहे, सबके सहत रहे
देइ देत सबकर दँइया भइया